NFT・メタバース・DAOで

NON-FUNGIBLE TOKEN,
METAVERSE,
DECENTRALIZED AUTONOMOUS ORGANIZATION

かんき出版

はじめに

「NFT」「メタバース」「DAO」、そして「Web3」という言葉が今、とても注目を集めています。書籍も数多く出版され、書店では特集コーナーも組まれるようになりました。

しかし、概要や仕組みを解説する専門的な内容のものがほとんどで、「これらを使ってどうビジネスをしたらいいのか」という、肝心なことが具体的に書かれていません。

そこで本書は、

・新しい分野でのビジネスを考えている方
・新しい流れに乗って、たくさん稼ぎたい方
・次の稼ぎ方を模索している個人事業主やフリーランス
・ビジネスを拡大したい経営者
・副業、起業を考えている会社員や主婦

といった方々に向けて、これからの時代のビジネスの作り方・稼ぎ方を「実践的」かつ、

「わかりやすく」解説しました。

これからの時代、NFT・メタバース・DAOを知り活用することが、ビジネス成功のカギになります。

NFTは、「Non-Fungible Token の略で「非代替性トークン」と訳されます。

メタバースは、たくさんの人がインターネットで同時につながる3次元の仮想空間です。

DAOは、参加者の多数決と自発的な行動で物事を進めていく、分散型（中央集権ではない）組織です。

このNFT・メタバース・DAOの分野なら、SNSのビジネスと同様に、大きなリスクを取らずにスタートできます。特に本書では、初期投資がほとんどいらないやり方を解説しているので、より安全にチャレンジできます。

本書をガイドにして、自分がやれそうなところから今すぐスタートしてください。

実は、この分野でビジネスをしようとすると「仮想通貨（暗号資産）」を駆使できることがどうしても必要になってきます。しかし、初心者に仮想通貨が詳しくないとできないビジネスを提案すると、挫折してしまうことが多いのです。そこで本書は、仮想通貨のことがよくわからない方、売買したことがない方でも実践できる稼ぎ方に絞って解説しています。

私たちは、テレビの仕組みを知らなくてもテレビを観ることができます。インターネットの仕組みを知らなくてもインターネットを使えます。逆に、インターネットの解説書ばかり読んでいても使わなければ、使いこなせるようになりません。

ビジネスでも同じです。仕組みや知識を知ることよりも、それをどう使いこなすかを知ることのほうが大切です。そして、すぐにやってみて、いろいろと試すことで成功に近づきます。

とは言え「よくわからずにビジネスをしていたら、違法になってしまった」というリスクは避けたいものです。そこで、安心してビジネスにチャレンジしていただくために、弁護士に確認の上、できるだけ具体的に「何に気をつけたらいいのか」を最大限、やさしく説明しました。

私は2008年に会社員を辞めて独立し、ファイナンシャルプランナーやビジネスコンサルタントとして長年活動してきました。その売上のほとんどがSNSによるコミュニティ作りと口コミがもとになっていると言っても過言ではありません。そして現在は、SNSと

Web3（NFTやメタバースやDAO）を組み合わせた新たな稼ぎ方にいち早く着手しています。
また、DAOを研究・実践するチームの創設メンバーとして活動していますし、さらにWeb3を活用したビジネスのコンサルティングも行っています。そのため、スモールビジネスからビッグビジネスまで、この分野の実践例を数多く把握しています。そのたくさんの実践例をもとに本書を書きました。ぜひ参考にしてください。

本書が、あなたのビジネスに少しでも役に立つことを願っています。

加納 敏彦

目次

第2章 インターネットが激変中！この変化に乗り遅れるな！

第3章 デジタルデータが資産に！「NFT」で誰でも手軽に稼げる時代

第4章 急成長する「メタバース」が新たに生んだ仕事で稼ごう

第5章

「DAO」的コミュニティを作って意識の高い人を集めよう

※本書は、あくまで情報の提供を目的にしたものであり、いかなるビジネスや投資などの推奨・勧誘を行うものではありません。本書の情報を利用した結果として何らかの損失が発生したとき、著者・協力者および出版社は、理由のいかんを問わず、一切の責任を負いません。ビジネスや投資などに関わる最終決定は、ご自身の判断でお願いします。

※本書の情報は2023年3月1日時点のものであり、本書で紹介しているWEBサイト・法律・制度などは予告なく変更になる場合があります。特にNFT・メタバース・DAOは変化が速い分野です。細心の注意を払っていますが、情報の正確性や完全性を保証するものではありません。制度などの詳細などについては、各行政機関や専門家に直接お問い合わせください。

※本書は、Web3の専門用語や法律用語などを一部、わかりやすく表現し直しています。正しい用語が知りたいときは、各行政機関や専門書などでお確かめください。

○ブックデザイン　山之口正和＋齋藤友貴（OKIKATA）
○DTP　野中賢／安田浩也（システムタンク）
○校正　鴎来堂
○執筆協力　〈弁護士〉藤原寿人（東京中央総合法律事務所）

第1章

これからNFT・メタバース・DAOの時代が到来する！

01 NFT・メタバース・DAOの市場拡大に乗り遅れるな

1 NFT・メタバースの市場が急拡大している

私たちは、時代の大きな「転換期」に生きています。これまでは現実世界が経済やビジネスの中心でした。しかし今、デジタルの世界に経済やビジネスが生まれ、それが急速に拡大しています。

これまでコンテンツやアートなどのデジタルデータは、技術的にはコピーが容易だったので、あまり価値がないとも考えられていました。しかし、ブロックチェーンやNFTの技術（あとで詳しく説明します）によって、デジタルデータに価値が生まれたのです。そしてそれが仮想通貨などで売買され、さまざまなビジネスと結びつき始めました。

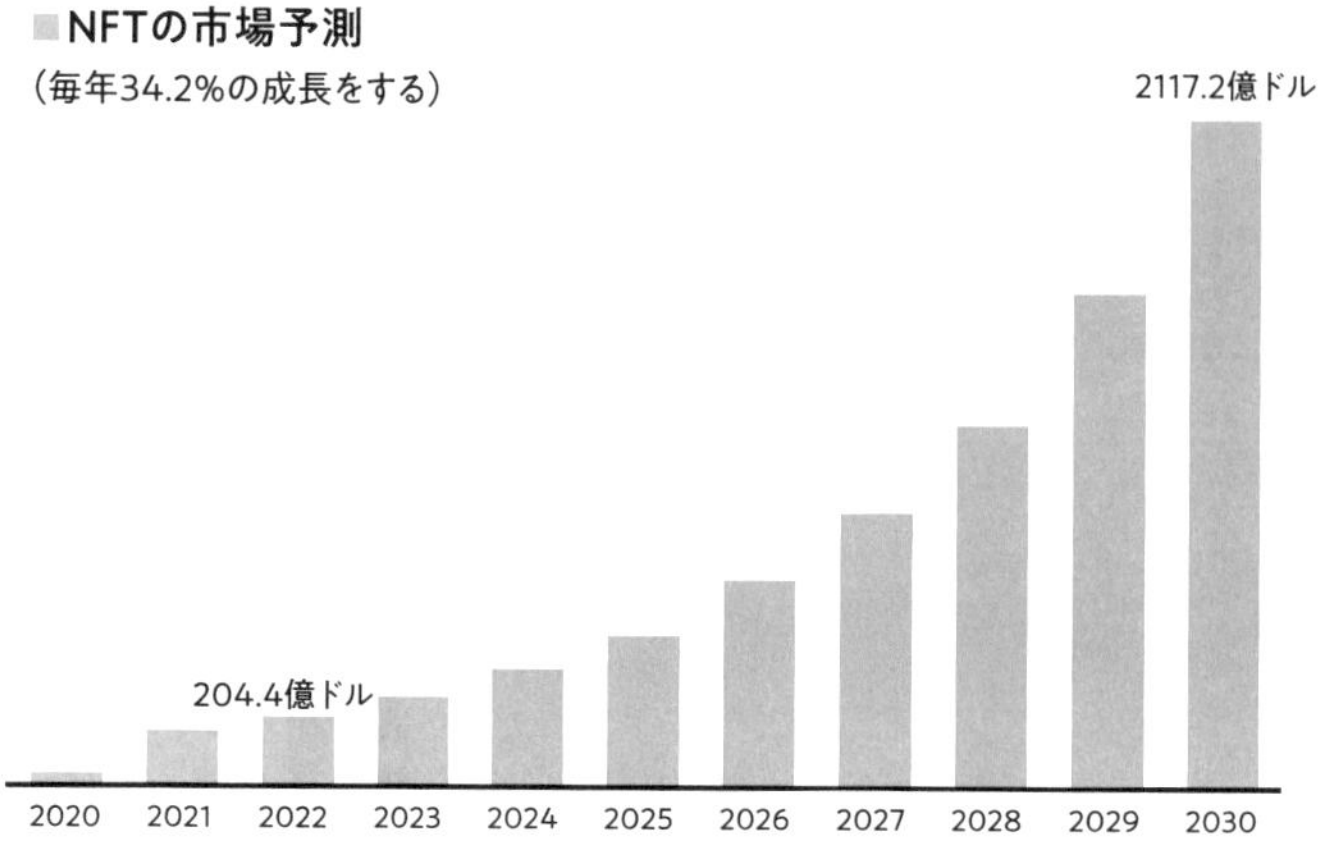

※ Grand View Research 社のレポート(2022年4月のレポート)を元に作成

アメリカのGrand View Research(グランドビューリサーチ)社は、世界のNFTの市場が2030年には2117億ドル(130円換算で約27.5兆円)まで成長すると予測しています。

さらに、注目すべきことがあります。それは、このNFTと仮想空間であるメタバースが結びつき、より大きな経済圏が生まれていることです。メタバースの市場は、現在はまだ4~5兆円規模です。しかし、2028~2030年には80~100兆円規模になるという予測をしているリサーチ会社もあります。

アパレル産業の世界の市場が200兆円と言われていますから、その半分の規模の市場に成長するということです。裸だった人類が、最近になって服を知り、世界の半分の人たちに服を着る文化が広まるようなものです。稼ぎたい人にとっては大きなチャンスです。これから5〜10年で、NFT・メタバース・DAOを軸とした「新しい経済圏」ができるのです。

2 NFT・メタバース・DAOで新時代の主役になろう

1995年時点で「インターネット時代がくる！」、2005年時点で「SNS、スマホ時代がくる！」といち早く時代の流れをつかめた人は、新時代の波に乗り、大きく稼ぐことができました。「NFT、メタバース、DAOの時代」がこれからくるのであれば、いち早く準備して大きく稼ぐことができるかもしれません。

ですから、NFT・メタバース・DAOを他の人より早く理解して、小さくても構わないのでビジネスをスタートさせましょう。そうすれば、市場拡大という波に乗って大きく稼ぐことができます。

日本はITで遅れをとり、AIや宇宙のビジネスでも先を越されていると言われています。でも「NFT、メタバース、DAO」なら、まだ世界と戦える可能性があります。失われた

30年と言われる日本を復活させる最後のチャンスになるかもしれません。

これから数年で、NFTとメタバースがどんどん融合していきます。そのとき、世界的な人気を誇るマンガやゲームなどのキャラクターの知的財産権を持っている日本は優位に立てるでしょう。

ワンピース、進撃の巨人、ナルト、鬼滅の刃、ガンダム、ドラゴンボール、スーパーマリオ、ドラゴンクエスト、ファイナルファンタジーといったマンガやゲームのキャラやアイテムが今後、NFT化されたり、メタバースに展開されていく可能性が高いからです。これらが現実化したら、世界的な大流行になるはずです。

今は誰もがスマホでSNSを使っているように、これからは多くの人がメタバースに入ってコミュニケーションをする時代がやってきます。それに向けて、本書で一緒に準備を進めていきましょう。

column

なぜ日本は「仮想」通貨と言うのか？

本書では、ビットコインなどを「暗号資産」と表記せず、「仮想通貨」や「仮想通貨（暗号資産）」と表記しています。以前から日本では「仮想通貨」という表記が広く使われているからです。

しかし、2019年に法律が変わり、仮想通貨も「暗号資産（crypto asset）」という括りになりました（資金決済法や金融商品取引法の改正法）。この法改正には、「仮想ではない」↓「暗号である」、「通貨ではない」↓「資産である」というメッセージを感じます。

英語圏では「Cryptocurrency（暗号通貨）」という表記が一般的で、ヨーロッパ圏もこのような表記をしているところが多いです。

しかし、日本では行政機関を中心に「仮想通貨（virtual currency）」という表記が使われていました。いつ誰が「仮想（virtual）」と表記したかははっきりしません。

なぜ「現実にはない」「実体はない」という印象を与えやすい「仮想」という言葉が、日本では普及しているのでしょうか？

その背景を調べてみると、国際的な機関であるＦＡＴＦ（ファトフ）（Financial Action Task Force 金融活動作業部会）が「virtual currency」という表現を積極的に使っていたことが原因のようです。

ＦＡＴＦは、マネーロンダリングやテロリストへの資金供給を防ぐ対策の基準を作る機関です。このＦＡＴＦの中に、「仮想」という言葉を使うことで「暗号」よりも、もっと胡散《うさん》臭い印象を与えたい人がいたのかもしれません。暗号通貨が悪用されることに怖れ、広まらないようにしたかったのでしょう。

アメリカ政府も当初は「virtual currency」を好んで使っていたようです。

ＦＡＴＦやアメリカ政府が積極的に「virtual currency」を採用していたため、日本の誰かがそれに合わせて「仮想通貨」と訳したようです。

02 今すぐビジネスを始めよう

1 稼ぐために一番大切なのは「参入のタイミング」

ビジネスで稼ぐためには、商品やサービスがとても大事です。でも実は一番大切なのは「参入のタイミング」です。市場が拡大する前に参入して準備を整えておくことで、ユーザーが急拡大したときに、その波に乗って大きく稼ぐことができるわけです。

時流や勢いに乗って、状況をよりよくすることを「波に乗る」と言いますが、市場の拡大で稼ぐことは、まさに「波に乗る」ことです。サーフィンを想像すると、市場拡大で稼ぐイメージがつかみやすくなります。

サーフィンで大波に乗るためには、情報を収集して、大波がきそうな場所を予測することが必要です。波がくる前にその場所で待ち構えて、乗る準備をするのです。そして、いろいろな波がくる中で自分が乗る波を決めたら、その波にスッと乗って一気に進みます。波がくるのを岸から見ていては間に合いません。事前に情報を集めて、海に入っておく必要があるのです。

ビジネスも同じです。本書で、事前に情報を収集しているあなたは、波に乗れる可能性が高いはずです。しかし、多くの人は「波がくる」と感じても、準備することができないのです。

NFT・メタバース・DAOの海にいち早く入ることが何よりも大事です。いろいろと試しながら、自分に合ったビジネスのやり方を見つけておきましょう。本格的な波がきてから準備しても間に合いません。

2 NFT・メタバース・DAOを始めるベストタイミングは今

NFT・メタバースは、今まさに市場が拡大し始めました。まだ目に見える波にはなっていませんが、海の中では大きなうねりができています。特にメタバースは100兆円規模の大きな市場が生まれる可能性が高く、この大波に備えて今のうちからビジネスを始めておくことが大事です。

月に100万円、1000万円稼ぐビジネスをすぐに目指す必要はありません。まずは副業から始めて、月に数万円の利益を出せればいいのです。この小さなスタートを切ることができれば、今後数年で他者との圧倒的な違いを生み出すことができます。

今、月に数万円稼げるスキルや経験を身につけられたら、市場の拡大の波に乗って、月に数十万円、数百万円にするのも夢ではありません。

3 アメリカの「ゴールドラッシュ」から稼ぎ方を学ぶ

波に乗って稼ぐイメージを持っていただくために、もう一つの例を紹介します。アメリカのゴールドラッシュです。

1848年にカリフォルニアで金が発見され、30万人が一攫千金を目指して殺到しました。しかしそのほとんどが、きたときとほとんど変わらない財産のまま、故郷に帰ったと言われています。

でも中には、大きく儲けた人がいました。それは、金を探しに殺到した人たちに「つるはし」や「スコップ」「ジーンズ」を提供した人たちや、彼らを運ぶ鉄道を作った人たちです。つまり、殺到する人を「サポート」した人が一番稼げたのです。これは大きな示唆に富んでいます。

これからNFT・メタバース・DAOの市場が急拡大します。ゴールドラッシュのような大波が起きるのです。多くの人が参入してきます。いち早く準備して、参入する人たちをサポートするビジネスを提供すれば、大きく稼げる可能性が高いのです。そのことをゴールドラッシュの歴史は教えてくれています。

4 自分に合った稼ぎ方を見つける

ここでは、拡大する市場の波に乗って稼ぐ方法を5つ紹介します。自分に合った方法を見つけたら、より稼ぎやすくなるはずです。

それぞれの方法をゴールドラッシュ、YouTube、メタバースの例をあげて解説します。

■波に乗って稼ぐ5つの方法

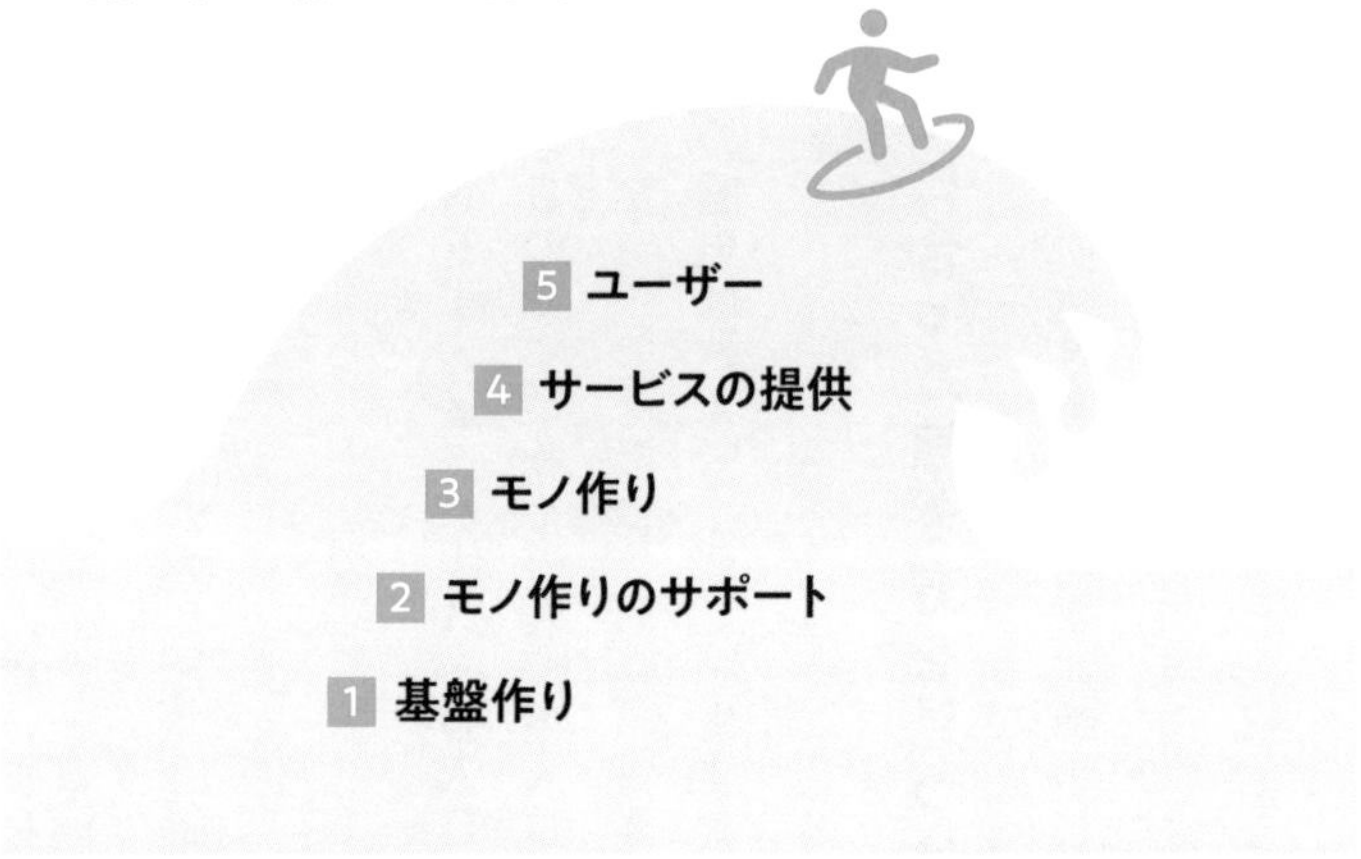

稼ぎ方① 基盤作り

最も早く参入し、そのビジネスの基盤を作って稼ぐ方法です。波が起きる前か、波が起き始めた直後に基盤を作ります。難易度が高いので、個人の副業・起業ではオススメしませんが、稼ぐ観点として知っておきましょう。

ゴールドラッシュでいえば、鉄道などのインフラを作ることです。YouTubeなら、まさにYouTubeというプラットフォームを作ったYouTube社です。メタバースでいうと、多くの人が集まるメタバース空間を作って運営するということです。

稼ぎ方② モノ作りのサポート

いち早く「③モノ作り」「④サービスの提供」「⑤ユーザー」の経験を積むことでノウハウを貯め、③④⑤のサポートをして稼ぐ方法です。

ゴールドラッシュでいえば、「つるはし」や「スコップ」「ジーンズ」を提供することです。YouTubeでいえば、YouTuberの事務所を作って、YouTuberを支援するビジネスです。メタバースでいうと、メタバースで何かをして稼ぎたい人をサポートすることです。

この方法を本書では、6章で詳しく解説します。

稼ぎ方③　モノ作り！／稼ぎ方④　サービスの提供

商品・サービスを作ったり、それを提供・販売したりして稼ぐ方法です。多くの人にとって、一番わかりやすい稼ぎ方かもしれません。

ゴールドラッシュでいえば、③は金を掘りにいくことで、④は金を加工したり販売したりすることです。YouTubeでいえば、動画を撮影・編集して配信することです。メタバースでいうと、メタバースで使えるアバターやルームなどを作ったり、メタバースの中で道案内などのサービスをしたりすることです。

本書では、3～5章で詳しく解説します。

稼ぎ方⑤　ユーザー

商品・サービスを使う人です。これまでは、ユーザーは稼ぐ人ではなく、お金を払う消費者でした。ゴールドラッシュなら金を買う人、YouTubeなら動画を視聴する人、メタバースならそのメタバースを使う人です。

しかし、これからの時代は、ユーザーでも稼げる選択肢が増えていきます。ゲームなどをプレイすると仮想通貨が受け取れるメタバースなども登場しました。

5　ユーザーが増えるプラットフォームを探す

NFT・メタバース・DAOは、全体的にこれから大きな成長が見込めますし、参入する人もどんどん増えてきます。しかし、NFT・メタバース・DAOの中でも選別と淘汰は起こります。稼ぎたいなら、ユーザーが大きく増えそうな「魅力的なプラットフォーム」を探さなくてはなりません。本書でもオススメのプラットフォームを紹介するので参考にしてください（3〜5章参照）。

さらに、自分が好きで得意なことを活かしたビジネスを探しましょう。そうすれば長く楽しく取り組めるので、スキルが上がってより稼げる可能性が高まります。

YouTubeやSNSの大流行をYouTubeがスタートした2005年に予測して本気で取り組んでいたら、大きく稼ぐことができました。しかし、今からがんばっても、長く稼ぐのはかなり難しいでしょう。市場が飽和状態になってしまっているからです。この波はもう終わるかもしれません。もちろんYouTubeやSNSを使える必要はありますが、今から稼ぐことを目指すなら、ここで何とかしようとすることはオススメしません。

それよりも、ここから急成長が期待されるNFT・メタバース・DAOの波に乗ることを考えたほうが、これからの時代に稼げる可能性が高いと感じています。

6 政府も日本に波を起こそうとしている

日本政府も、これらの波をあと押ししようとしています。

2022年6月には、政府が考える国家戦略、いわゆる『骨太の方針2022』に「Web3.0の推進に向けた環境整備について、検討を進める」と書かれました。

2022年11月に発表された『スタートアップ育成5カ年計画』でも「ブロックチェーン

技術とWeb3（分散型ウェブ）の税制を含む環境整備を進める」と明言されています。

2023年2月の予算委員会でも総理は「Web3の技術を使うことでさまざまな可能性が期待される」「例えばDAOでは同じ社会課題に関心を持つ人々が新しいコミュニティを組成することができる」「NFTについてもクリエイターの収益を多元化する、ロイヤリティの高いファンの維持、取りこみが可能である」と発言しています。

これから、NFT・メタバース・DAOなどの活動にはさまざまな予算がついていきます。政府も積極的にあと押ししようとしているからです。これらの波に追い風が吹くのです。今からビジネスをやるなら、そして自分の夢を叶えたいなら、この波に乗らない手はありません。

column

英語が苦手な人は「Google翻訳」と「DeepL」を使いこなそう!

NFT・メタバース・DAOの世界に国境はありません。サービスもマーケットもグローバルです。ですから、英語が使えるとビジネスの選択肢がとても多くなり、とても有利になります。

とは言え、英語が苦手だという人もいるでしょう。でも安心してください。最近の「自動翻訳」の精度が飛躍的に高まっているからです。インターネット上での読み書きについては、自動翻訳で問題なく行えるようになりました。

ここでは、特にオススメの翻訳サービスを二つ紹介します。

●Google翻訳

外国語のウェブサイトを読むときにGoogle翻訳を常に使うと便利です。

Google翻訳を使用すると、外国語のウェブサイトを開いたときに、サイト全体を日本語に翻訳してくれます。

ＰＣ版WebブラウザのChromeには標準装備されているようですが、スマホや他のWebブラウザでも使用可能です。設定が異なるので、「Google翻訳 拡張機能」などとネット検索して、設定を確認しましょう。

●DeepL（ディープエル）

外国語を翻訳してくれる翻訳サイトはいくつもありますが、その中でも自然で流暢な翻訳をすると評判なのがDeepLです。無料版でも多くの機能を使えるのでオススメです。私も英語の読み書きに愛用しています。

外国語のウェブサイトの情報を日本語でざっとつかむにはGoogle翻訳を使い、より正確な読み書きをしたいときはDeepLを使うといいでしょう。

第2章

インターネットが激変中！この変化に乗り遅れるな！

01 稼ぐためにインターネットの激変を理解しよう

1 2020年からインターネットに大変化が起き始めている

ここ数年、「Web3」「Web3.0」という言葉をよく聞くようになりました。Web3とタイトルに入った書籍もベストセラーになっています（本書では「Web3」で表記を統一します。これらの違いは44ページ参照）。

「Web3」はインターネットの新たな形を表す概念です。「Web1.0」「Web2.0」の時代を経て2020年頃から「Web3」の時代がきたと言われています。ＩＴ技術が進化した結果、今までの経済やビジネスを根本から変える可能性があるのです。

Web1.0の時代（1990年代～）

インターネットが広がり始めた1990年代から2000年の初頭までを指します。企業

	Web1.0	Web2.0	Web3 (Web3.0)
時期	1990年代～	2005年頃～	2020年代～
イメージ			
特徴	パソコンを使い、ホームページを読み、電子メールをやり取りするようになった	スマホを使い、ブログやSNSのアプリで多くの人が発信し、交流するようになった	中央の管理者を作らず、お互いが直接つながり、やり取りするようになる？

や一部の人がホームページを作り、情報を発信するようになりました。ただ、ほとんどの人にとってインターネットは、ホームページにアクセスして情報を得るというのが主な活用法でした。つまり「情報の受け手」でしかなかったのです。

Web2.0の時代（2005年頃～）

ブログが広がり、さらにＴｗｉｔｔｅｒやFacebookなどのＳＮＳが流行し、スマホがどんどん普及しました。誰もが「情報の発信者」になれる時代になっていったのです。ブログやＳＮＳを使って、企業だけでなく個人でも簡単に情報発信ができ、そこで気軽に交流もできるようになりました。一個人がＳＮＳなどを使って副業や起業をし、成功できるようになったのです。

ただ、弊害も出てきました。これらのサービスを提供する巨大なＩＴ企業が、数十億人もの個人情報はもちろん、一人ひとりの関心や趣味・嗜好、行動の履歴などの多様な個人データまで、独占してしまったのです。

その中でも特に有名なＩＴ企業が「GAFA」「GAFAM」です。「ＧＡＦＡ」はGoogle、Apple、Facebook（現Meta社）、Amazonの４社を指します。ここにMicrosoftを加えると「ＧＡＦＡＭ」になります。

巨大IT企業の独占を問題視する動きも強まり、ヨーロッパでは「デジタル市場法」などで、巨大ＩＴ企業への規制を始めています。

Web3の時代（2020年代～）

Web3は新しいインターネットを表した言葉ですが、「GAFAM」などの巨大IT企業によるデータの独占を打ち破ろうという運動や意志を表した言葉でもあります。

それを可能にする最も重要な技術として期待されているのが、「ブロックチェーン（分散型の台帳）」（45ページ参照）です。個々のデータを、巨大ＩＴ企業のサーバーやデータベースで管理せず、インターネット上で多くの人によって民主的に管理しようという流れです。

Web3では、データを「トークン」という形でもやり取りします。トークン（token）という英単語自体は「しるし、あかし、証拠」などを意味しますが、Web3においては「暗号資産」という意味で使います。

暗号資産は「ブロックチェーン上でやり取りできる、財産的な価値を持つもの」で、仮想通貨やNFTもその一種です。

3章で詳しく取り上げますが、「NFT（非代替性トークン）」ができたことにより、これまではコピーが容易であまり価値がないとも思われていたコンテンツやアートなどのデジタルデータに、価値や価格がつくようになりました。あるデジタルアーティストの作品には75億円相当の値がついたほどです。

このように、仮想通貨やNFTなどによって、デジタルの世界に新しい経済圏が生まれ、拡大し始めているのです。

Web3を支えるブロックチェーンやトークンなどの技術にはとても大きな将来性がありま

す。今の社会のお金や経済、ビジネスのあり方ややり方を作り変えるかもしれないのです。この新しい技術や経済の拡大を、あなたにはぜひ押さえてほしいのです。

2 Web3を理解するときの注意点

ただ、ここで気をつけないといけないことがあります。それは、現在のサービスやコミュニケーションは、まだほとんどが「Web2.0」に留まっているということです。「Web3」という言葉を使っている人は、実態以上の変化が起きているかのように発信します。インターネットが広がったときやSNS・スマホが普及したときのような「大きな変化がこれから起きてほしい」「インターネットに革命を起こそう」という願望を込めて使い、広めようとしているからです。Web2.0の現状に問題を感じている人にとっての「革命の旗印」のような言葉でもあるのです。

私はこの革命に可能性を感じているので、本書を書いています。大きな変化が起こり始め、ビジネスのやり方も多様になってきていることは確かですが、未来は未確定です。

未来科学者のロイ・アマラが提唱した法則に「アマラの法則」があります。彼は「われわれはテクノロジーの影響を短期的には過大評価し、長期的には過小評価する傾向がある」と言っています。過大評価もせず、過小評価もせず、変化を冷静に捉えることが大切です。

column

「Web3」と「Web3.0」は何が違う？

本書は、NFT・メタバース・DAOなどの知識に初めて触れる方にもわかりやすく伝えるという目的があります。そこで本文では「Web3」と「Web3.0」は区別せず、表記を「Web3」に統一しました。

しかし、この二つの言葉の意味や使われ方には少し違いがあります。とはいっても、バズワード（意味があいまいな用語）で明確な定義はなく、人によって意味や説明が異なります。

私は次のような捉え方をしています。本書を理解するうえで参考にしてください。

Web3.0：Web2.0の「次」の未来としてのインターネットの形や価値

Web3　：Web2.0とは違う「新しい」インターネットの形や価値（国家や巨大企業に管理されてしまった個人の情報を取り戻そうという動き、今のWeb2.0の問題を変えようという意志がこもった言葉）

02 Web3の最重要キーワードは「ブロックチェーン」

1 「ブロックチェーン」って何？

インターネットの変化をつかむのに、外せないキーワードが「ブロックチェーン」です。ブロックチェーンは、これからの時代の社会インフラになる可能性を持った技術です。初めは仮想通貨（暗号資産）である「ビットコイン」の仕組みを実現するための技術として生まれました。しかし現在は、仮想通貨の取引だけでなく、さまざまな分野で活用され始めています。

では、ブロックチェーンとは、何の「ブロック」のどんな「チェーン」なのでしょうか？

ブロックチェーンは、２段階で理解すると捉えやすくなります。

(1) 分散型（中央集権ではない）台帳
(2) その中でも「チェーン」状でつながった情報の「ブロック」で書かれた台帳

それぞれ、解説していきます。

2 ブロックチェーンは分散型（中央集権ではない）台帳

ブロックチェーンは、もともと仮想通貨（暗号資産）のビットコインの取引の履歴を記録する台帳として考えられた技術です。

「台帳」とは、いろいろなやり取り（取引）を記録したものです。例えばお店でいうと、仕入れや売上などの金額などを記録しておく帳簿です。家庭でいうと家計簿、子供ならお小遣い帳なども台帳です。

その台帳の管理の仕方が「分散（中央集権ではない）」されているのです。

通常は図の左のような中央集権的な台帳の管理の仕方をしています。銀行でいえば、誰がいくらの預金を持っているか、誰からいくら受け取り、誰にいくら支払ったかなどの取引の

■集中管理システム

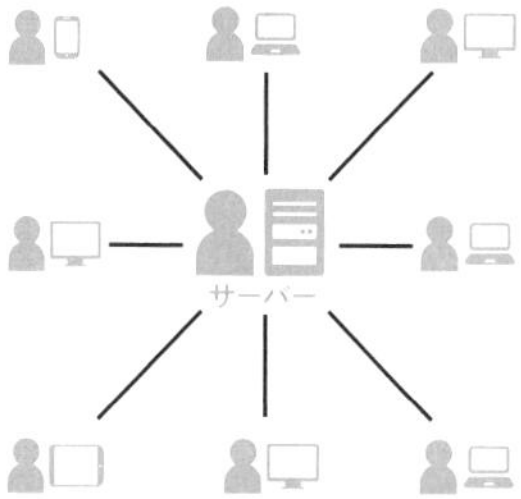

第三者が取引履歴を監視

■ブロックチェーンシステム

**すべての取引履歴を
全員で共有する**

※サイバーセキュリティ.comのHPを参考に作成

記録が、銀行のサーバーに保管されます。つまり、銀行という中央に、管理の責任が集権化されているのです。このように、これまでの金融のシステムでは、銀行や証券会社といった中央の管理者や仲介業者が必要でした。

でも、ブロックチェーンでの管理は、そういった中央の管理者がいません。例えば、52ページでも紹介するDeFiでも、インターネットでつながったたくさんのコンピューターを使って台帳を共有し、ネットワークに参加している不特定多数で台帳を管理します。特定の管理者がいない状態で、台帳（取引の履歴）を管理しているのです。こうすることで、時間の短縮やコストの削減ができるようになりました。

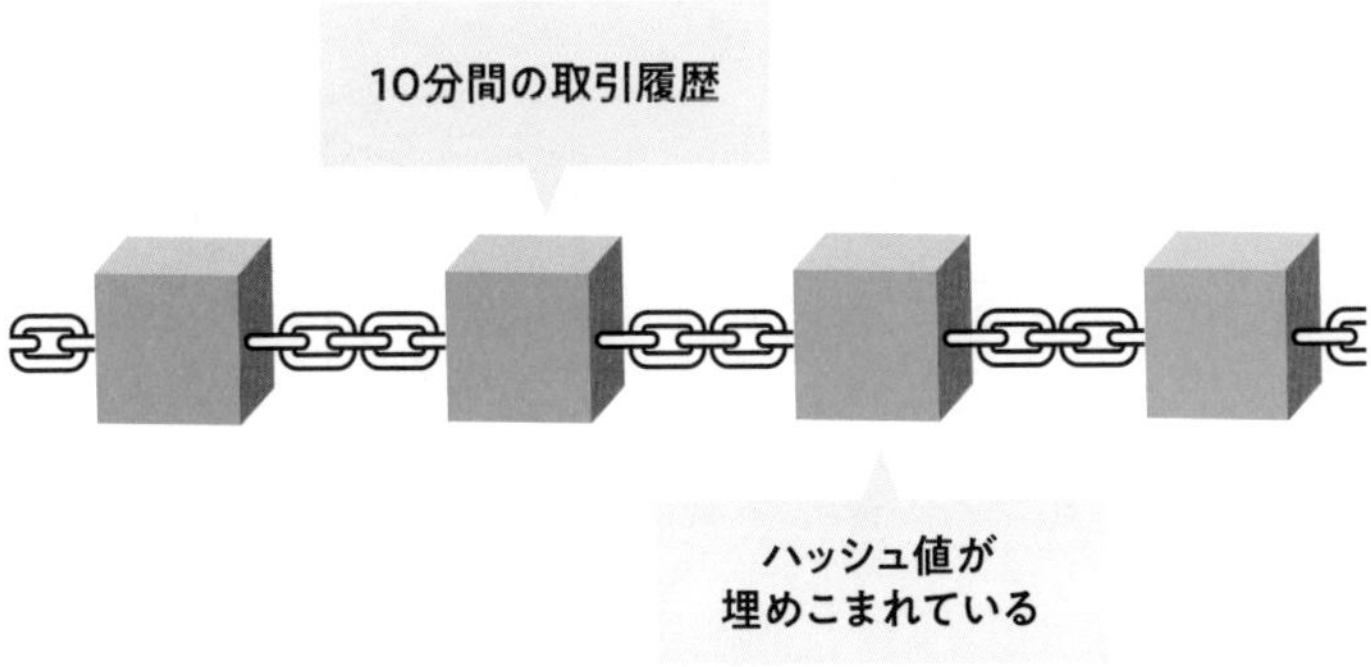

※(株)NTCのHPを参考に作成

3 情報の「ブロック」がチェーン状につながっている

ここではブロックチェーンのざっくりとしたイメージができれば充分です。ブロックチェーンの技術を専門家以外が理解するのはかなり難しいので、詳しい解説は割愛します。

分散型（非中央集権）の台帳にはいろいろな種類があります。その中で「チェーン（鎖）」状でつながった情報の「ブロック（かたまり）」で書かれた台帳が「ブロックチェーン」です。

例えば、ビットコインのブロックチェーンを図で表すと上のようになります。

情報のブロックには、約10分間の取引の記録が書かれます。そして、前の記録を凝縮した文字列（「ハッシュ値」と言います）によって、次の情報のブロックとつながっています。このつながりが1本の「チェーン（鎖）」に見えるので、ブロックチェーンと言われるようになりました。こうやって、ビットコインのブロックチェーンは過去からのすべての取引をずっと残していきます。

あまり理解できなくても大丈夫です。大雑把にイメージを捉えてください。

4 ブロックチェーンは何がすごい？

ブロックチェーンがこれからの時代の社会インフラとして期待されているのは、以下のような特徴があるからだと考えられています。

特徴① 特定の管理者を必要としない

これまで、誰が誰からいくら受け取り、誰にいくら送金したのかなどの取引の記録は、銀行などの「中央にいる管理者」が記録・管理していました。しかし、ブロックチェーンの場合、特定の企業や組織によって管理されるわけではありません。ブロックチェーンのネットワーク上にいる不特定多数の参加者で取引の記録を共有し、みんなで管理します（運営者・管理者がいる場合もあります)。だから、特定の企業や組織が個人のデータなどを、独占的に所有したり勝手に利用したりすることを防げるのです。

特徴② システムがダウンしない

ブロックチェーンは中央集権の管理ではなく、たくさんの人で情報を共有しています。そして、全員で常に同じデータをチェックする「分散型台帳」の仕組みで動いています。従って、一部のシステムが故障したり止まったりしても、システム全体は止まらずに動き続けることができます。

特徴③ セキュリティが高い

ブロックチェーンは、さまざまな暗号化の技術を使っているため、不正や改ざんがされにくく、セキュリティがとても高いです。また、取引の記録が暗号化された上で共有されているので、透明性も保つことができます。

特徴④ 管理や運営のコストが安い

ブロックチェーンはたくさんの参加者で分散して、情報を保存・管理しています。

もし、誰か（企業）が一元管理しようとしたら、サーバーだけでもたいへんな容量が必要になり、そのあとの保守や管理も含めたら、莫大なコストになります。人件費やその他の固定費もかかりますし、利益も乗せるはずです。しかし、ブロックチェーンではそういった費用がかからないので、管理や運営のコストが抑えられるのです。

これら4つの特徴によって、ブロックチェーンは新時代の基盤になる技術と考えられ、注目が高まっているのです。

5 分散をキーワードにした仕組み

ブロックチェーンの説明でも出てきましたが、「分散（中央集権ではない）」＝「Decentralized」という単語自体が、これからの時代の重要なキーワードになります。

Web3は、インターネットに「革命を起こす」という旗印だと書きました。大企業や政府などが中央集権的に握っている富や情報・権力などを、個人に取り戻そうという流れなのです。

ブロックチェーンを基盤にして、さまざまな模索がされています。Web3の本や記事を読

DeFi ディファイ、 ディーファイなど	**Decentralized Finance** 分散型の金融
DEX デックス	**Decentralized Exchange** 分散型の取引所
DApps ダップス、ディー アップスなど	**Decentralized Application** 分散型のアプリケーション ※DApp、dApp、Dapp、dappなどとも書きます
DAO ダオ	**Decentralized Autonomous Organization** 分散型の自律組織

んでいると、De(D)という言葉がよく出てきます。例えばDeFi、DEX、DApps、DAOなどです。今回のメインテーマではありませんが、よく出てくる言葉なので、ざっくりとでも内容を理解しておきましょう。

DeFiは、中央管理者（銀行などの金融機関）を必要としない、分散型の金融システムです。取引はブロックチェーン上のアプリケーションで自動的に行われます。反対の言葉は、CeFi(中央集権型の金融)です。

DEXは、金融資産の売買を中央で集約する取引所（交換所）を介さない、分散型の取引所のことです。取引はブロックチェーン上のアプリケーションで自動的に行われます。反対の言葉はCEX（中央集権型の取引所）です。

DAppsは、記録や権力が一点に集中するのではなく複数に分散されている、ブロックチェーン技術を使ったアプリケーションです。仮想通貨（暗号資産）やDeFiなどもDAppsの一つと言われています。

DAOは、中央集権的に誰かが管理するのではなく、参加者の多数決と自発的な行動で物事を進めていく、分散型の組織です。株式会社の次の組織の形を担うのではないかと期待されています。DAOは働き方や稼ぎ方を変える可能性があるので、5章で特集します。

第3章

デジタルデータが資産に！「NFT」で誰でも手軽に稼げる時代

01 稼ぐためにNFTを理解しよう

1 NFTとは？ 唯一無二のデジタルの資産って何？

NFTに興味を持ったときに、多くの人が最初にぶつかる壁が「NFTって何なんだ？」「よくわからないぞ」ということです。私もそうでした。

そこでまずは、NFTとは何なのかをわかりやすく説明します。

NFTとはNon-Fungible Tokenの略で、日本語では「非代替性トークン」や「代替できないトークン」と説明されます。トークンとはブロックチェーン上でやり取りできる、財産的な価値を持つものです。

そして、NFT化は「ブロックチェーン上で、代替不可能な唯一無二のトークンにすること」と説明されます。

NFTとはブロックチェーンに書き込まれた
特定の「デジタルデータ」と「持ち主」などの記録

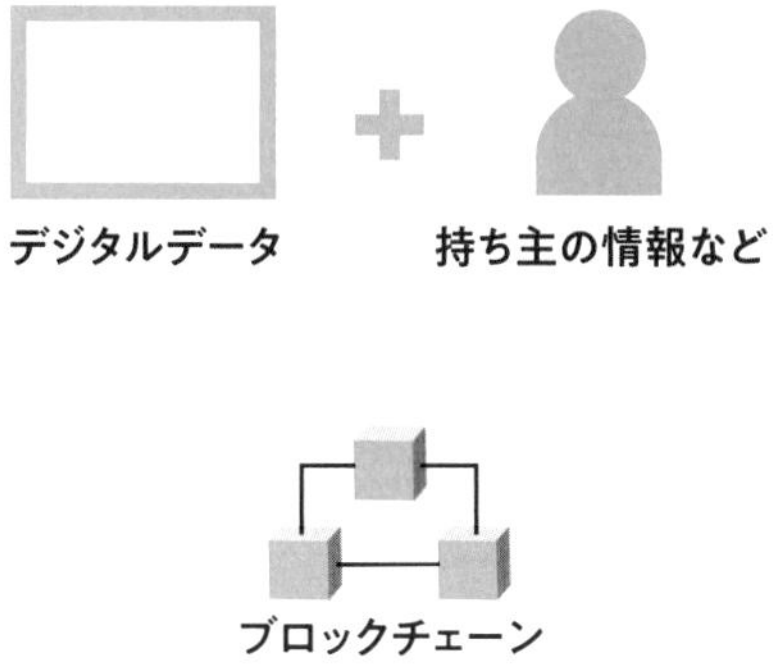

しかし、NFTはデジタルデータなのでコピーができてしまいます。

では、なぜ唯一無二なのでしょうか？

NFTとは

NFTは、デジタルデータに「誰が最初にブロックチェーンに記録して」「そのあとに誰が誰に渡して」「今誰が持っているのか」などの取引の情報を記録していく仕組みです。

ブロックチェーンは改ざんができないので、そのデジタルデータの唯一の持ち主が誰であるかを証明できます。そして、そのデジタルデータの持ち主であるという立場・地位を売ったりあげたりして別の人に移せるため、価値が生まれたのです。

例えば「Aというデジタルデータの持ち主がXである」とブロックチェーンに記録されているとします。この場合、ブロックチェーンの記録によって、Xが「デジタルデータAの持ち主の立場」であることが証明されます。Xは「デジタルデータAの持ち主という立場」を、別の人に売ったりあげたりすることができます。その取引が成立すると、「デジタルデータAの持ち主の立場」がXから別の人に移ります。その取引もブロックチェーンに記録されるので、誰が「デジタルデータAの『唯一の』持ち主の立場」であるかが常にわかります。だから「唯一無二の価値を持つデジタル資産」とも表現されます。

しかしNFTは、デジタルデータ自体をコピーできないようにする技術ではありません。デジタルデータ自体は無限にコピーできてしまいます。ただし、デジタルデータがコピーされても、本来の持ち主が誰であるかは証明できるのです。ブロックチェーンには持ち主が誰であるかが、記録として残っているからです。

コピーされたデジタルデータ自体に誰が持ち主であると記録されるわけではありません。誤解している人が多いので、勘違いしないようにしてください。

ここまでのまとめとして、NFTの特徴を3つに整理します。

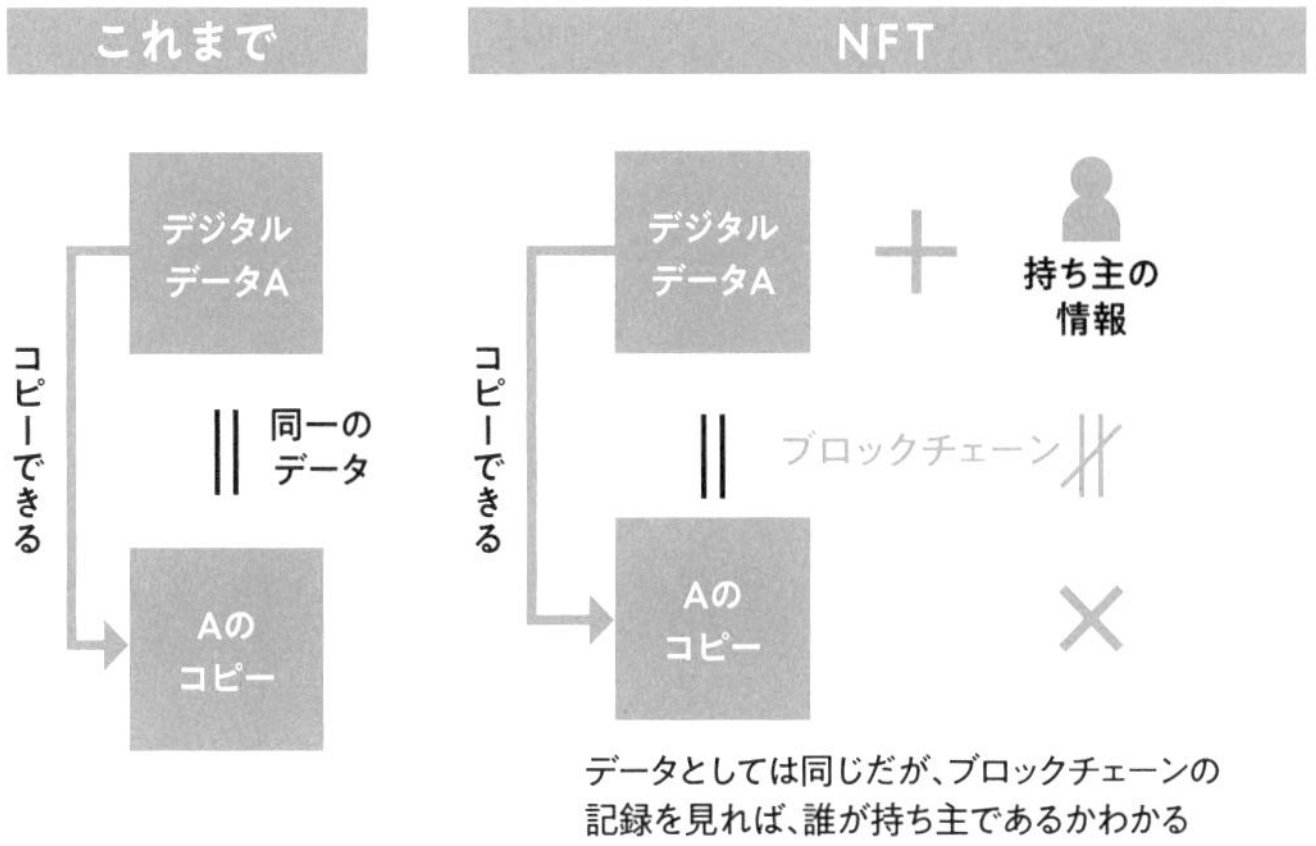

特徴①　デジタルのデータに資産としての価値を持たせられる

特徴②　デジタルなのに、唯一無二のものであると証明できる

特徴③　簡単・安全に持ち主を替えることができる

2　NFTの持ち主に所有権は「ない」ので注意！

NFTの理解として、注意することがあります。それは「NFTには所有権がない」ということです。

所有権は、ものを自由に使ったり、収益を上げたり、処分したりする権利です。例えば、実物の土地を買うと所有権もついてきます。その土地で何をするのも自由ですし、駐車場などにしてビジネスをすることもできます。

しかし、NFTはものではなくデジタルな記録であるため、所有権が（今の法律だと）認められないのです。ブロックチェーン技術によって「持ち主は自分だ」と証明はされるので、それをアピールすることはできます。転売することもできます。でも、NFTの持ち主であるというだけでそれを自由に使ったり、それでビジネスをしたりすることはできません。

だから、NFTの持ち主ができることは、NFTを購入したプラットフォームの利用規約などによって制限されてしまいます。そのため、例えばメタバース上で土地のNFTを購入したとしても、利用規約などで認められていないのであれば、その土地のNFTを使って勝手にイベントを開いたり、賃貸ビジネスなどを始めたりすることはできないのです。

消費者庁が出した2022年6月の「NFTと法的課題」の資料でも、

「民法上、所有権の客体となる『物』とは、『有体物』(民法85条)」

「NFT及びそれに紐づけられたコンテンツはいずれも無体物であるデータにすぎず、民法上の『所有権』の対象にはならない」

と書かれています。

人によっては、NFTについて「デジタル所有権を持てる」という表現を使う人がいますが、現状では間違いだと私は考えています。

3 デジタルの世界に「新しい経済圏」が生まれ始めた

このように、法律的にはこれから整備されていくNFTですが、これまでコピーが容易なのであまり価値がないと思われていたデジタルデータ自体に、価値を持たせた意味は大きいと言えます。のちに「革命的だった」と言われるような経済の変化を、今まさに目の当たりにしているのかもしれません。

さて、私が考えている「NFTの普及に伴う経済活動の変化」を3つ紹介します。

変化①　「投資」の選択肢の広がり

NFTはデジタルデータに価値を持たせ、デジタルデータを資産にしました。価値があるものを買えば、将来、高く売れる可能性があるのです。

これまでも美術品を投資の目的で買う人はいましたが、それは一部のお金持ちの話でした。

しかし、デジタルデータにも価値があるという考え方が広まったことで、一般的な人でもN

FTの作品に投資する流れが生まれ始めています。さらに画家、写真家、歌手、作曲家、文章家などといったさまざまなクリエイターにとっても、自分の作品をお金に換える選択肢が増えました。

無名のクリエイターが自分の作品をNFTによって1000円などでたくさん出品し、一般の人がそれを資産として買う、という流れができてきたのです。

なお、104ページで解説しますが、AIを使って、誰でも芸術作品が作れる時代になってきました。

変化②　「コレクション」としての広がり

資産を持つための投資目的だけでなく、コレクションとしてのNFTも広がっています。

例えば、絵を買って部屋に飾っている人もいると思いますが、これからはNFTの絵を買って、自分の部屋にデジタル写真立てで飾ることはもちろん、メタバース内に自分の部屋を作り、そこに飾る時代になっていくでしょう。

NFTはデータなのでたくさん集めても、物理的な場所をとりません。自分が好きだからこの作家のNFT作品を集める、気になるデザインだから集めるというような、**コレクション欲を満たす購入が、今後も増えていく**かもしれません。

変化③「承認欲求」「貢献欲求」の満たし方の広がり

好きなアイドルやタレント、キャラクターなどを応援するために商品をたくさん買う、という経済活動はこれまでもありましたが、似たような動きがNFTでも広がっています。

NFTでは、自分の購入履歴がブロックチェーンに記録され、その記録を自分のSNSに紐づけすることができます。例えば、その商品の保有者として自分のTwitterにリンクすると、好きなアイドルやタレントに、自分が買ったことを知ってもらうことができるのです。

最初の頃から応援していたファンは、そのアイドルやタレントが将来有名になったときに、NFTの価格が上がることで恩恵を受ける可能性もあります。

今はまだ小さな変化に見えるかもしれません。でもこの「NFT」と4章で解説する「メタバース」が合わさっていくことで、**巨大な経済圏が生まれる可能性が高い**のです。ぜひ今から、NFTの出品や売買に慣れていきましょう。巨大な波に乗って、稼ぐことができるかもしれません。

02 稼ぐためにNFTのトレンドを知ろう

NFTは2021年から急に話題になり始めました。Twitter創業者のジャック・ドーシー氏やTSLA（テスラ）創業者のイーロン・マスク氏がNFTをオークションにかけて、それぞれが日本円にして数億円で落札されたことを覚えている人もいるかもしれません。日本人だとVRアーティストのせきぐちあいみさんの作品が、当時のレートで約1300万円で落札されて話題になりました。

NFTにはトレンド（流行）があります。そして、新しいトレンドがどんどん出てきます。自分がNFT化するときの参考にもなるので、ぜひ知っておきましょう。

トレンド① 一点もののNFTアート

2021年前半は、デジタルのアート作品がNFT化されて売買されることが話題になりました。例えば、Beeple（ビープル）というデジタルアーティストの作品『Everydays – The First 5000 Days』が、オークションで75億円（当時のレート）の値がつき、ニュースになりました。

他にもいろいろなアーティストが作品をNFT化させています。結局、2021年に100万ドルを超えたNFTアートは14点になりました。

絵や写真、音楽や動画などのデジタル作品をNFTにするのは、私たちが挑戦しやすい分野です。

トレンド② コレクティブNFT

2021年の後半から現在まで続いている大きなトレンドが「コレクティブNFT」です。「コレクティブ」とは「集合的」「組織的」というような意味です。

一点もののNFTがシリーズ化されているものを「コレクティブNFT」と言います。全部集めたくなりますが、基本的にはその一つを購入することになります。

有名な作品に、『BAYC（ベイシー／Bored Ape Yacht Club の略）』（1万点）や『CryptoPunks（クリプトパンクス）』（1万点）などがあります。

このようなコレクティブNFTの中には、人が一つ一つ作らず、コンピューターを使って自動的に作られるものがあります。それを「ジェネラティブNFT」（またはジェネレーティブNFT）と言います。ジェネラティブとは「生成的な」という意味です。

初めてでも作るのは簡単です（売るのには経験やスキルがいります）。次の4つのステップで作っていきます。

(1) 見本となる作品を一つ完成させる
(2) 組み合わせに使うパーツを用意する
(3) NFTジェネレーターというツールを使って、パーツを組み合わせて作品群を作る
(4) 作品群を一つずつNFT化する

例えば、左のイラストを使って、ジェネラティブNFTを作ったとします。このイラストが(1)の見本となる作品になります。

次に(2)の組み合わせに使うパーツを用意します。例えば、着ぐるみを変えたり、目の色を変えたり、顔の表情を変えたり、服を変えたりするためのパーツを作ります。

次に(3)のNFTジェネレーターというツールを使って、パーツを組み合わせて作品群を作ります。

そうすると、上のイラストのような作品群ができます。

これができたら、あとは(4)の作品群を一つずつNFT化すれば完成です。

ちなみにこれらのイラストはNFTジェネレーターを使わず、数十点をイラストレーターに描いてもらっていますが、もし使ったら、簡単に1000個や1万個などのシリーズを作ることができます。

画像を組み合わせてくれるツールもたくさん出ています。インターネットで「NFTジェネレーター　おすすめ」などと検索してみましょう。

発行されているジェネラティブNFTはまったく同じデザインはなく、それぞれが固有のNFTになります。

トレンド③　3次元化したコレクティブNFT

2022年前半から出てきたトレンドが「3次元化したコレクティブNFT」です。トレンド②のコレクティブNFTは2次元ですが、最近は3次元のNFTが多く販売されるようになりました。4章で解説する「メタバース」が広がってきたことで、メタバース上のアバターとしても使える3次元のNFTが、注目されてきたのです。

このコレクティブNFTとして有名な作品が『Clone X(クローンエックス)』です。NFTスニーカーで話題になっていたRTFKT（アーティファクト）と、現代美術家の村上隆氏がコラボしたことで話題になりました。

トレンド④　AIアートのNFT

2022年の後半になると、AIでアートを描くWebサービスが話題になりました。特にMidjourney（ミッドジャーニー）やStable Diffusion（ステーブル・ディフュージョン）などが注目されています。これらは、文章で指示するとその通りにAIが絵を描いてくれるサービスです。

2022年8月に、Midjourneyで作成したことを伏せて出品されたAIアートがアメリカのコンテストで1位になり、賛否を含めて大きな話題になりました。

Midjourneyは、有料プランを契約すると、著作権が作成した人のものになります。同じ文章の指示でもまったく同じものは作られません。似たような作品を量産できます。似たタッチで少しずつ異なるAIアートを作り、コレクティブNFTとして販売する人も出てきました（AIアートをNFTにする方法は104ページ参照）。

トレンド⑤　ビジネス活用への模索

2022年後半から2023年にかけてのトレンドで特徴的なのは「投機熱」が冷めてきたことです。「NFTは儲かりそうだ」「値上がりしそうだから買っておこう」という人が去っていき、NFTの売買高などが世界的に下がりました。

そんな中、**NFTならではの価値を真剣に考え、ビジネスにどう活かすかを模索する流れ**が活発になっています。

ビジネス活用の一つとして、4章で解説する**「NFT」と「メタバース」が融合するトレンド**が強まってきました。

例えば、コレクティブNFTのところで紹介した『BAYC』と『CryptoPunks』の販売元であるYuga Labs(ユガラボ)社が、メタバースゲーム『Otherside(アザーサイド)』を開発中です。

執筆時点ではまだ『Otherside』はリリースされていませんが、2022年4月に、ゲーム内の土地NFTを先行で販売して、当時のレートで410億円以上の売上を記録しました。

このように、リリース前から注目が集まっています。

メタバースはデジタル空間であり、NFTはデジタル資産なので、相性は抜群です。今後もメタバースとNFTとの融合は加速しそうです。

デジタルデータに資産としての価値を生み出すという革命を起こしたNFTは、メタバース以外でも、さまざまな産業や業界での利用が期待されています。デジタルな世界だけでなく、リアルの世界でもビジネス利用が検討されているのです。

例えば、NFTは誰が唯一の持ち主（権利者）であるかの証明ができるので、現物の不動産の所有権の証明や会員権の身分証明書などにも使えるかもしれません。アイデア次第で、一個人がNFTを活用して大成功できる可能性を秘めているのです。

NFTやメタバースで稼ぐためにも、これらのトレンドをまずは理解しましょう。

column

NFTコミュニティでも使われるツール「Discord」を試してみよう

コレクティブNFTの運営者は、NFT保有者や買うことを検討している人とコミュニティを作って、コミュニケーションをします。そのときによく利用さるのがDiscord（ディスコード）というアプリです。アメリカ発のチャットサービスで、文字や音声チャットでたくさんの人と交流できます。Slack やChatwork に近い使い方ができます。

また、気になるNFTの情報収集をしたり、NFT保有者として他の保有者と交流したりしたいときにも必要なツールになります。ただ、非常に多機能なので、使いこなすのには慣れが必要です。まずは人との交流ではなく、情報の収集のために使ってみましょう。

ただし、詐欺なども横行しているので気をつけましょう。DMでのフィッシング詐欺が特に多いです。知らない人からのDMは開かないようにしましょう。

（Discord 公式サイト）

https://discord.com/

03 NFTを買ってみよう

1 「NFTマーケットプレイス」って何？

「NFTマーケットプレイス」というNFTを売り買いできるプラットフォームで、NFTを買ったり、出品して売ったり、買ったものを転売したりできます。楽天市場やAmazon、メルカリのようなサービスのNFT版と捉えると、イメージしやすいかもしれません。

NFTをまだ売買したことがない人は、まずは買ってみましょう。お客さん目線で買ってみる経験が、自分が売るときにも役立ちます。

NFTマーケットプレイスには「審査が厳しくて、選ばれた人しかNFT作品を出品できないところ」と「審査があまりなくて、誰でも出品できるところ」があります。審査が厳しいところはNFTの発行が一般人にはできませんが、転売は誰でもすることができます。

また、「日本のマーケットプレイス」と「海外のマーケットプレイス」があるので、NFTの売買が初めての方、まだ慣れていない方は、まずは日本のマーケットプレイスで買ってみることをオススメします。

海外のマーケットプレイスは日本語に対応していないことがほとんどです。NFTの取引に慣れていて、さらに英語もかなり得意でないと、英語の専門用語に面食らってしまうかもしれません。

さらに、海外のマーケットプレイスは、詐欺まがいなサイトやフィッシング詐欺（本物に見える偽のサイトに誘導して、IDやパスワードなどを入れさせて情報を盗む詐欺）なども多いのです。

2 日本の「マーケットプレイス」オススメ3選

日本の会社が運営しているNFTマーケットプレイスだけでも70以上もあります。そこで、初めての方にオススメのマーケットプレイスを3つ紹介します。「楽天NFT」「LINE NFT」「HEXA（ヘキサ）」です。

ウォレットがないので、買うのが簡単！　楽天NFT

日本の会員数が1億人を超えると言われるECサイト「楽天市場」などを運営する「楽天グループ」が提供しているマーケットプレイスです。楽天のサービスを使っている方は、馴染みやすいでしょう。

NFTを売買するには、楽天会員とは別に楽天NFTに登録が必要です。

日本円と仮想通貨の両方でNFTを買うことができ、クレジットカードや楽天ポイントが使えるので、仮想通貨を準備しなくても問題ありません。また、NFTを保管するウォレット（お財布）が必要ないので、初めての方でもNFTの購入がしやすいです。また、NFTを買うと代金の1％分の楽天ポイントがつきます。

ただし、楽天NFTは独自のブロックチェーンで提供されているので、楽天NFT内でしか売買できません。買ったNFTを他のマーケットプレイスに持ち出して売れないことは、覚えておきましょう。また、楽天NFTを退会すると、持っていたNFTデータが消えてしまいます。

これらの理由で、NFTに詳しい人にはデメリットが多く感じるかもしれませんが、初めての方がスタートするにはオススメです。仮想通貨などの専門知識やスキルがなくても始められるのは魅力です。

（楽天ＮＦＴの公式サイト）

https://nft.rakuten.co.jp/

ＬＩＮＥユーザーには使いやすい！　ＬＩＮＥ ＮＦＴ

日本のユーザー数が９３００万人（２０２２年９月）と言われる、コミュニケーションアプリＬＩＮＥが提供しているＮＦＴマーケットプレイスです。

ＬＩＮＥのアカウントを持っていれば、誰でもＮＦＴを買うことができます。

ＬＩＮＥ ＮＦＴでは、日本円（LINE Pay）と仮想通貨でＮＦＴを買うことができます。仮想通貨はＬＩＮＥ独自のＬＩＮＫを使います。ＬＩＮＫで買うには、ＬＩＮＥ ＢＩＴＭＡＸで口座の開設をします。

そして、DOSI Walletというブロックチェーンのお財布でＮＦＴを管理します。

楽天ＮＦＴよりは複雑ですが、海外のＮＦＴマーケットプレイスよりは簡単で、初めての方でも始めやすいです。

ただし、LINE NFTも独自のブロックチェーンで提供されているので、LINE NFT内でしか売買できません。買ったNFTを他のマーケットプレイスで売ることは今のところできないことは覚えておいてください。

(LINE NFTの公式サイト)
https://nft.line.me/

初めての人でも売買しやすい！　HEXA

HEXAは、メディアエクイティ株式会社が運営するNFTマーケットプレイスです。楽天やLINEに比べて、運営会社の知名度はありません。しかし、初めての方にとって始めやすく、かつイーサリアム（178ページ参照）などのブロックチェーンを使ったグローバルなNFTを発行・販売できるので、オススメです。

HEXAは、Twitterのアカウントがあれば、誰でも簡単にNFTを売買できます。

日本円と仮想通貨で取引でき、日本円で取引するなら専用ウォレット（お財布）は必要ありません。クレジットカード決済で、パソコンやスマホから簡単にNFTを買ったり、転売し

著者のHEXAメタバース部屋

たり、自分のＮＦＴを発行して販売したりできます。**誰でもＮＦＴを発行できるのも、ＨＥＸＡの魅力**です。

また、ＨＥＸＡ住民票ＮＦＴを買うと、ＨＥＸＡメタバースに自分の部屋を作ることができ、そこにＨＥＸＡで保有しているＮＦＴを飾ることもできます。また、音楽のＮＦＴならそれを流すこともできます。

さらに、自分が発行したＮＦＴの保有者限定のコミュニティを作ることや、５章で解説する「疑似ＤＡＯ」も簡単に作ることができます。このように、初めての方はもちろん、慣れている人が「こういうのをやってみたい」と思う機能が次々と搭載されるのもＨＥ

XAの魅力です。

HEXAは仮想通貨やウォレットの知識が必要ないという点で、初めての方にも優しいと言えます。

さらに、イーサリアムなどのブロックチェーンを使ったグローバルなNFTを発行・販売できるのが魅力です（楽天NFTやLINE NFTは独自ブロックチェーンで、NFTを外に持っていけません）。NFTを買うだけでなく、発行（販売）したい人は、HEXAも使ってみましょう。

（HEXAの公式サイト）
https://nft.hexanft.com/

3 海外の「マーケットプレイス」ならOpenSeaがオススメ

世界中の人を相手にNFTを販売したり、世界的に有名なNFTを買ったりしたい人には、OpenSea（オープンシー）がオススメです。

OpenSeaは世界で一番取引額の大きいマーケットプレイスです。他にもいろいろなマーケットプレイスはありますが、まずはOpenSeaで英語と仮想通貨に慣れるといいでしょう。

さきに紹介した日本のマーケットプレイスとの違いは、英語と仮想通貨（暗号資産）と仮想通貨用のウォレットが必須ということです。OpenSeaで使用するウォレットはMetaMask（メタマスク）などです。Google PayやMac App Storeでアプリを無料でダウンロードできます。

OpenSeaでNFTを売買するには以下の5つのステップが必要になります。

(1) 暗号資産取引所などで口座を開設して、仮想通貨（暗号資産）を買う
(2) MetaMaskなどのウォレット（ブロックチェーン用のお財布）を作る
(3) 仮想通貨をウォレットに送る
(4) ウォレットとOpenSeaをつなげる
(5) NFTを売買する

OpenSeaは、このように仮想通貨やウォレットなどの知識やスキルが必要で、さらに英語力が必須というのが難点です。また、誰もが出品できるので、詐欺師の活動場所にもなっ

	専用のウォレット	
	必須	なくても買える
イーサリアムベースのブロックチェーン	OpenSea	HEXA
マーケットプレイス独自のブロックチェーン	LINE NFT	楽天NFT

ているようです。「OpenSeaの無料機能で作成し販売されているNFTの80%が偽物」という話もあります。

初めての方にはオススメしにくいですが、日本のマーケットプレイスで慣れたら、OpenSeaにチャレンジしてみるのもいいかもしれません。

ここまでに紹介した4つのマーケットプレイスの特徴をまとめると、上の表のようになりますので参考にしてください。

また、これ以外に日本だけでも、70を超えるマーケットプレイスがありますから、自分に合ったマーケットプレイスを見つけてみるのもいいでしょう。

4 NFTを買うときの3つの注意点

オススメのマーケットプレイスがわかったところで、買うときに特に意識してほしい点を3つ解説します。

注意点①　どんな権利やサービスが得られるのか、しっかり確認する

自分が買おうとしているNFTが、どんな権利やサービスが得られるのかを、正確に理解する必要があります。

例えば、NFT作品を買うことで「このNFTの持ち主は私である」と、ブロックチェーンを使って証明・公表することができます。また、持ち主であるので、そのNFTをマーケットプレイスで転売することもできます。このとき、人気が高まっていれば値上がりする可能性もあります。

さらに、購入アカウントを自分のSNSに紐づければ、自分が買ったことを発行者に認識してもらえます。大好きなアーティストやクリエイターなどに、自分が買ったことを知らせられるのは、ファンにとって大きな魅力となりえます。

ただ、今の法律だとNFTを買っても所有権は認められていません。だから、買って保有しているNFT作品を自由に使ったり、それで収益を上げたり、処分したりする権利はないのです（59ページ参照）。

著作権についても「譲渡する」というような明記がない限り、保有者は権利を得られません。だから、個人的な利用に限られます。

購入したNFT作品をSNSのアイコンに使うのが流行っていますが、厳密にいうと、少なくとも日本の法律では、利用規約などによる許可がないと、インターネット上で使うのは著作権（公衆送信権）の侵害になります（NFTの販売ページのURLをSNSに投稿するのは問題ありません）。

注意点②　NFT化されたデジタルデータの権利者が誰かを確かめる

NFTには、その「デジタルデータ」と「持ち主」などが記録されています。だから、そのNFTの発行者が誰であるかはわかります。

しかし、そこに「この作品の著作権は私にあります」と書かれてあったとしても、それが真実であるかを証明することはできません。

もしかしたら、他人の著作物をコピーして「自分のものだ」と出品している可能性もあります。他にも、そもそも著作物ではないもの（ただのデータなど）をNFTにしている可能性や、人の商標や意匠権などを侵しているものを発行している可能性もあります。しかも、制作者本人すら気づいていない可能性もあるのです（気をつけるべき権利については、117ページ参照）。

そのデジタルデータの権利者が誰か、他人の権利を侵していないのかを買う前に自分で調べて、自分で判断する必要があるのです。

注意点③　発行者が信頼できる人であるかを確かめる

発行者についても、自分なりに調べて「信頼できる人」であるかを判断する必要があります。

「信頼できる」という意味は二つあります。一つは本人か（なりすましではないか）、もう一つは善人か（詐欺師ではないか）です。

例えば、私の名前（加納敏彦）で、私のSNSにも紐づけされてあるNFTが発行されていたとします。しかし、そのSNSが乗っとられていて、他人が出品している可能性もあります。偽アカウントを使って出品しているかもしれません。

マーケットプレイスも、これらの審査はしているところが多いですが、絶対ではありません。ニセ発行者が他人の作品のデジタルデータをコピーして、違法なNFTを発行している可能性があることを、知っておきましょう。

また、発行者が本人であったとしても、その人が悪い人（詐欺師）である可能性もあります。

人の著作物をコピーして自分のNFT作品として出品する人もいます。

注意点を踏まえた4つの対策

まず、注意点①を踏まえて、NFTの特性と得られることを理解して買う必要があります。NFTの販売ページを熟読すること、各マーケットプレイスの規約を読むことが大切です。

注意点②と③の対策は、3つあります。

最初の対策は、発行者の審査が厳しいマーケットプレイスでNFTを買うことです。例えば、初めての方にオススメのマーケットプレイスとして紹介した「楽天NFT」や「LINE NFT」は発行者に対する審査が厳しく、一般の人はNFTを発行できません。だから、偽物（違法）が出品される可能性は下がります。

次の対策は、買いたいNFTが本物かどうかを判定できるサービスを使ってチェックすることです。インターネットで「NFT　真贋判定」「NFT　偽造判定」などと検索すると、いろいろなサービスが出てきます。NFTのURLを指定したり、ファイルを読み込ませたりすると、正規のNFTとしてブロックチェーンに記録されているのか、偽造されたNFT

になっていないかをチェックできます。このチェックも絶対ではありませんが、偽物を買ってしまうリスクは減らせます。

最後の対策は、発行者が信頼できる人であるかを、買う前にしっかり確かめることです。名前をネットで検索したり、紐づけられているSNSをたどったりすれば、発行者の多くの情報が調べられます。発行者の公式サイトやSNSで公表されている情報と、その作品の整合性がとれているか、過去にどんな作品を出品したかなどを調べていけば、本物か偽物かを見分ける基準になります。逆に、情報を追えない得体の知れない人からは買わないようにしましょう。

コレクティブNFT（65ページ参照）などであれば、「公式Twitter」や「公式Discord」からNFTページにアクセスすることで、確実に本物のNFTにたどり着くことができます。

これらの対策に自信がない方は、まずは日本のマーケットプレイスで買うようにしましょう。

5 NFTを実際に買ってみる

ここまで理解したら、実際にNFTを買ってみましょう。
上手な買い方のコツを3つ紹介します。

コツ① 信頼している人から買う

NFTで偽物を買ってしまうのを避けるために、慣れるまでは「信頼している人」「よく知っている人」から買うと安心できます。自分が大ファンでよく知っている人、付き合いが長くてどんな人かわかる人などから買ってみましょう。

コツ② 失敗しても痛くない金額のものを買う

NFTに慣れていないと、自分が思っていた権利やサービスとは違うものを買ってしまうことがあります。例えば「著作権が譲渡されると思っていたけど、されなかった」というような勘違いが起きるかもしれません。

そこで、3000円や1万円など、失敗しても勉強料だと思える金額から始めます。数十万円～数百万円するものは、くれぐれも慣れてからにしましょう。

コツ③　自分がコレクションしたいものを買う

NFTはデジタルデータなのに資産になり、値上がりが期待できるのも一つの魅力です。例えば、1万円で買ったNFTが2万円になるかもしれないのです。

もちろん、必ずしもそうなるとはかぎりません。2021年から2022年前半に多くのNFT作品の価格が高騰し、そのあとに暴落しました。値上がり目的ではなく、自分が本当に欲しくて、コレクションとしてずっと持っていたいものを買うようにしましょう。

そうすれば、値上がりするかを気にせず、心穏やかに過ごせます。

04 買ったNFTを転売して稼ぐ

ここまでNFTの買い方を解説してきました。買い方が理解できたら、稼ぐことはもうできます。NFTは、買ったものを転売（二次流通）するマーケットが活発だからです。NFTの特徴として、転売されたときにも制作者にロイヤリティ収入が入ることがあげられます。だから関わる人全員がハッピーになりやすいのです（ただし、マーケットプレイスを超えて転売されると、ロイヤリティはなくなってしまうことが多いです）。

転売で利益を出す考え方はシンプルです。「安いときに買って、高いときに売る」です。「言うは易く行うは難し」ですが、そのコツを紹介します。

コツ① 自分が「本当に欲しい」と思ったものを買う

あなた自身が投資目的ではなく「本当に欲しい」と思って買ったNFT作品は、値上がりする可能性があります。一人の心を強く動かす作品は、他の人の心も動かす可能性が高いからです。NFTはたった一人の購入者がいれば売買が成立します。たとえ売れなくても、自分が気に入ったものであれば持っておけばいいだけです。

人は「感情でモノを買い、思考でそれを正当化する」と言われます。つまり、感情が先なのです。感情を動かせる商品・サービスが売れるのです。

「これは値上がりするに違いない」と考えて買ったものは、心が動いていません。すると、他の人の心も動かない可能性が高いです。また、売れなかったときにショックを受けてしまいます。

このコツ①が一番大事と言えるでしょう。これを前提にしてコツ②〜④を取り入れると転売が成功する確率は上がります。

コツ② 少数の限定品を買う

ときどき、少数の限定NFTが売り出されることがあります。こういうものは瞬時に売り切れるので、二次流通でも買いたいという人がたくさんいます。

自分が大好きだったり注目したりしている人やプロジェクトの情報を事前にキャッチし、少数限定品の販売がないかチェックしておきましょう。

コツ③ オークションではなく、固定価格で買う

少数や一点もののNFTは、オークション形式だと値段が高騰しやすいです。もし買えたとしても、転売でさらに高く売れる可能性は低くなります。自分がそのNFTに一番高い値段を付けたから買えたのですから、その値段より高く買う人はしばらく出てこないでしょう。自分のコレクションで買う分にはオークションでも問題ありません。ただ、転売も考えているなら、慣れるまではオークションはやめておいたほうがいいです。

コツ④ 市場が熱狂していないときに買う

株でも仮想通貨でも何でも、市場には波があります。多くの人が熱狂しているときは、相場より価格が上がっていることが多いです。そして、熱狂が過ぎ去って、バブルが一気に弾けるのです。市場の波を冷静に分析することも大切です。

リサーチ会社のGartner(ガートナー)社が「先進テクノロジーのハイプ・サイクル」というレポートを定期的に出しています。先進テクノロジーは、「黎明期」⇓「過剰な期待のピーク期」⇓「幻滅期」⇓「啓発期」⇓「生産の安定期」というサイクルを作るという考え方です。それによると、NFTはしばらく幻滅期に入っていきます。

個人的には、多くの人が幻滅しているときこそ、相場より安い価格で買えるチャンスが多いと考えます。また、市場全体が冷え込んでいても、価値を維持していたり、値上がりしているNFT作品もあります。市場全体と個別の作品の両方の視点を持つことが大切です。これらのコツを踏まえて、自分が「価値を感じるもの」「心動かされるもの」を買うことをオススメします。

筆者がコラボしたコレクティブNFTの例

私は、大好きなイラストレーターの「あなたのいづみ」さんに、自分のTwitterアイコンに使うNFTアートを一つ1000円で11個の「コレクティブNFT」（65ページ参照）として作ってもらいました。それをすべてコレクションとして持っておくことも考えたのですが、1つ3000円で売ってみました。そうしたら、初日からいくつも売れたのです。そこで少しずつ増やしてもらっています。

イラストを買い取って、自分でNFT化することもできます。でも、制作者にNFT化してもらい、それを買い取ってコレクションにしたり転売したりするほうが簡単です。著作権などの契約を結ばなくても、改ざんできないブロックチェーンに権利を記録できるからです。転売（二次流通）のロイヤリティ収入も、イラスト制作者に自動的にお支払いできます。

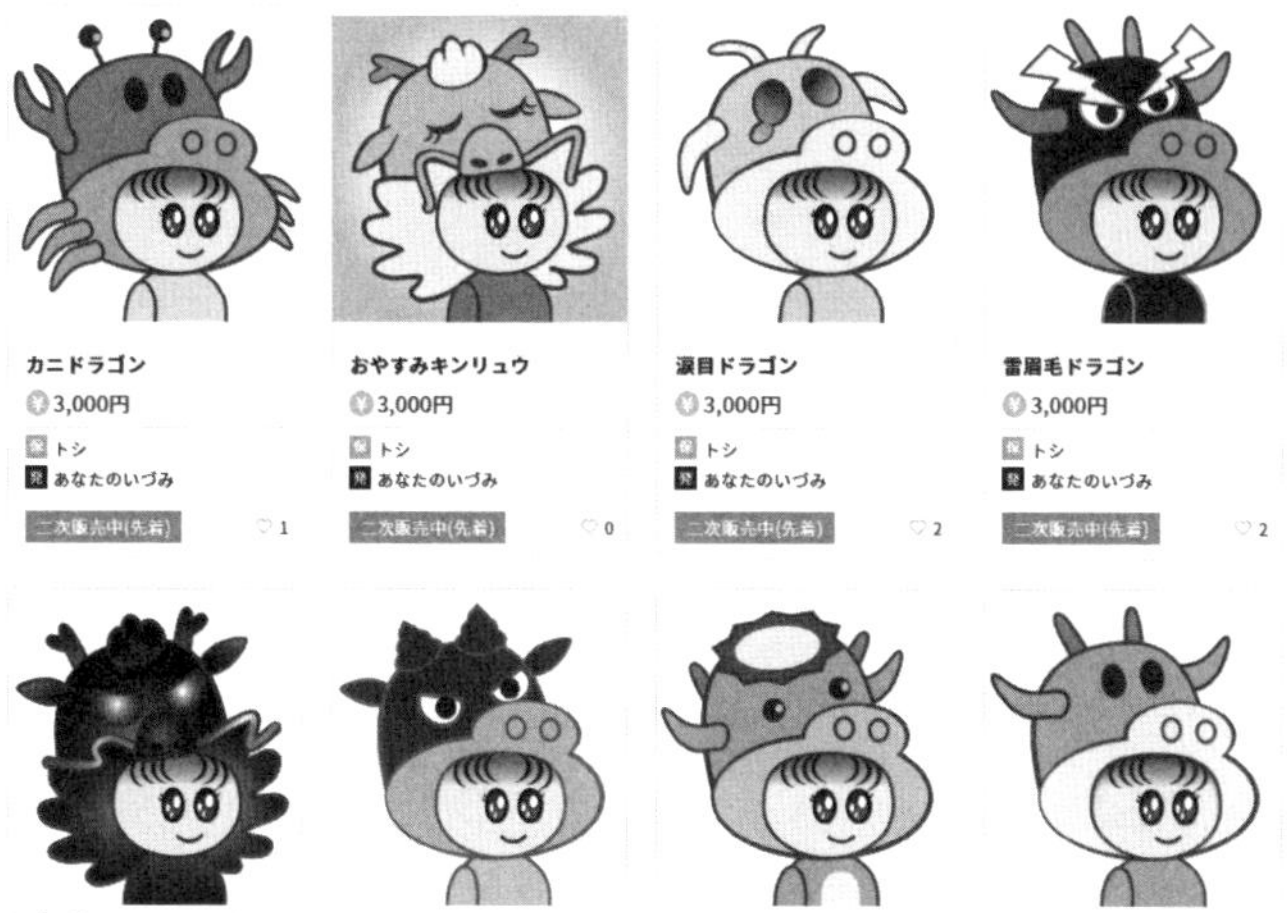

あなたのいづみさんのNFT

自分が「価値を感じるもの」「心動かされるもの」をコレクションして、同じように価値を感じてくれた方にお譲りする。そんな気持ちで転売してみることから始めてみましょう。

（あなたのいづみさんのNFT）
https://nft.hexanft.com/users/XrQqCMGiGGLMRy

column

注目のNFTプロジェクトAI-REIN

私も所属しているDaoDao.Tokyoメンバーの一人、Vtuberやメタバース事業などを手掛けている大橋一文さんはWeb3の最先端のNFTプロジェクト「AI-REIN」の中心メンバーです。

AI-REIN（アイ・レイン）は、AIやメタバースと共存する未来の人類を描いていて、その登場キャラクターをNFTにして販売しています。第1弾のNFTは、国内取引量ランキングで最高で2位になりました。

次ページの画像の少年少女たちは、AIと共存する新時代を生きる人類という設定で、一人ずつがNFTとして販売されます。

今後AI-REINはゲーム内で使用され、将来的には保有NFTのキャラクターのアバターが提供されるそうです。そのアバターでメタバースに参加でき、モーションキャプチャー（人の動きをデジタルデータにする技術）によって、自分の動きに連動させるとのこと。また、このキャラクターで本物のＡＩロボットを作り、現実の世界に提供することまで検討されています。

ＮＦＴとゲーム、さらにはメタバースやロボットまでを融合させようとする最先端のプロジェクトです。Twitterやウェブサイトなどをぜひチェックしてみてください。

（ＡＩ-ＲＥＩＮのTwitter）
https://twitter.com/AIReinNFT

05

NFT化して売って稼ぐステップ❶

何をNFTにするか考える

いよいよこの章のメインテーマである自分のコンテンツを、「NFT化して売って稼ぐ」ための4つのステップを解説します。

❶何をNFTにするか考える
❷NFTを出品する準備をする
❸NFTを出品する
❹制作プロセスを共有してNFTを売る

デジタルデータなら何でもNFTにできますし、リアルなものの権利をNFTにすることもできます。「たった1人」でも欲しいと感じるものであればNFTは成り立つのです。

まずは制限をかけず、ゲーム感覚で「自分の何をNFTにできるか?」と考えてみましょう。経験とノウハウを貯めるためにも、気軽にやってみることが大切です。

何をNFTにするか考えるための観点を4つあげます。

1 自分の発信(投稿、音声、動画、写真など)をNFTにできないか?

SNSなどで発信した投稿もデジタルデータです。過去に作ったセミナー動画や文章のPDFなどがあれば、それもデジタルデータです。録音した自分の声も、自分が撮影した動画や写真もデジタルデータです。デジタルデータがあれば、それをNFTにするのは簡単です。

そして、たった一人のコアなファンがいてくれたら、NFTが購入される可能性があるのです。

自分の仕事や職業を活かした例

例えば、私のようにセミナーなどをしている人であれば、過去に撮影したセミナー動画をNFTにして販売することもできます。動画の内容や時間にもよりますが、5000円で限定20個、2000円で限定50個などにして販売できます。自分のウェブサイトなどで売るだけでなく、販売する手段を増やすことができるのです。

自分が仕事で培ったノウハウを文章にまとめて「ノウハウ集」をＰＤＦにして販売することもできます。

最近はkindleなどの電子書籍にする人が増えてきましたが、ＮＦＴにしたほうが合う内容も多いです。例えば、自分のウェブサイトでのＰＤＦ販売や電子書籍での販売では転売できません。もし転売されたとしても自分はロイヤリティが得られません。でも、ＮＦＴだったら買った人にとっては資産であり、転売することもできるのです。さらに書いた人には転売時にロイヤリティも入ります。セミナー動画も同様です。

自分の趣味を活かした例

例えば、趣味で写真や動画などを撮っている人であれば、それを「デジタルガイドブック」などにまとめて、ＮＦＴにすることもできます。自分が好きな観光地の写真や動画、その情報を書いた文章などをまとめれば、これもＮＦＴ化できるコンテンツになるのです。

趣味を活かせるかもしれないという観点もぜひ持っておきましょう。

タイトル　【ЯikAボイス】チャリーン(笑)

ЯikAさんの音声 NFT

Twitterのツイートの例

例えば、プロサッカー選手の森重真人選手は、2022年1月に「今年の抱負」を書いたTwitterのツイートをNFTにしました。これをファンが約22万円で落札しました。

1000円から数千円のNFT化したツイートを売った一般の人が、私が知るだけでも100人近くいます。

「声」の録音の例

歌手活動を本格的に始めて数年のЯikAさん。新しいことに挑戦しようと、2022年5月からNFTに取り組んでいます。7月には「今日もお仕事頑張ってね！　応援しとるよ！」「おはよ！　今日も頑張ろうな！」「チャリーン(笑)」などの数秒の声を録音して、それぞれを一点ものの NFTとして10個を販売。すべてが2500円以上で売れて、二次流通で5500円になっているものもあります。

NFTに取り組むことによって、初めて収入が得られるようになったそうです。

（ЯikAさんの音声NFT）

https://nft.hexanft.com/users/aGNeX7v76VdGcH?collection=VOICE

もちろん、誰でもこのようにうまくいくわけではありません。でも、誰か一人でも「お金を出してでも買いたい」と思ってくれたら、どんなデジタルデータもNFTとして成り立つのです。

2 自分の作品（絵、音楽、写真、書など）をNFTにできないか？

画家やイラストレーター、歌手や作曲家、写真家、書家など、すでに作品がある方は、それをデジタルデータにしてNFTとして販売することを考えてみましょう。

発行者から見たNFTの魅力は、著作権を自分で持った状態で、新しい収入源を作れることです。NFTはデジタルデータの持ち主である権利を提供するだけなので、発行者はNFTを販売したあとも、自分の作品でビジネスをすることもできます。

マーケットプレイスによっては1000円からNFTを売り出すことができます。プロでなくとも、趣味で絵や歌、作詞作曲していた方なら、ビジネスにできるチャンスがあります。

写真作品の例

ドローンを使って絶景の中で自撮りをする、ドローンアーティストの「とまこさん」は、自分の作品をNFT化しました。1点5万円で発売し、何点も売れています。

NFTの魅力は、とまこさんがこの作品の著作権を手放さなくていいことです。NFTを販売したあとも、とまこさんはこの作品でビジネスをする権利や個展をする権利を持ち続けられます（著作権を譲渡した場合は別です）。

（とまこさんのNFT）

https://nft.hexanft.com/users/6iTqbZoHm1Q2Nv

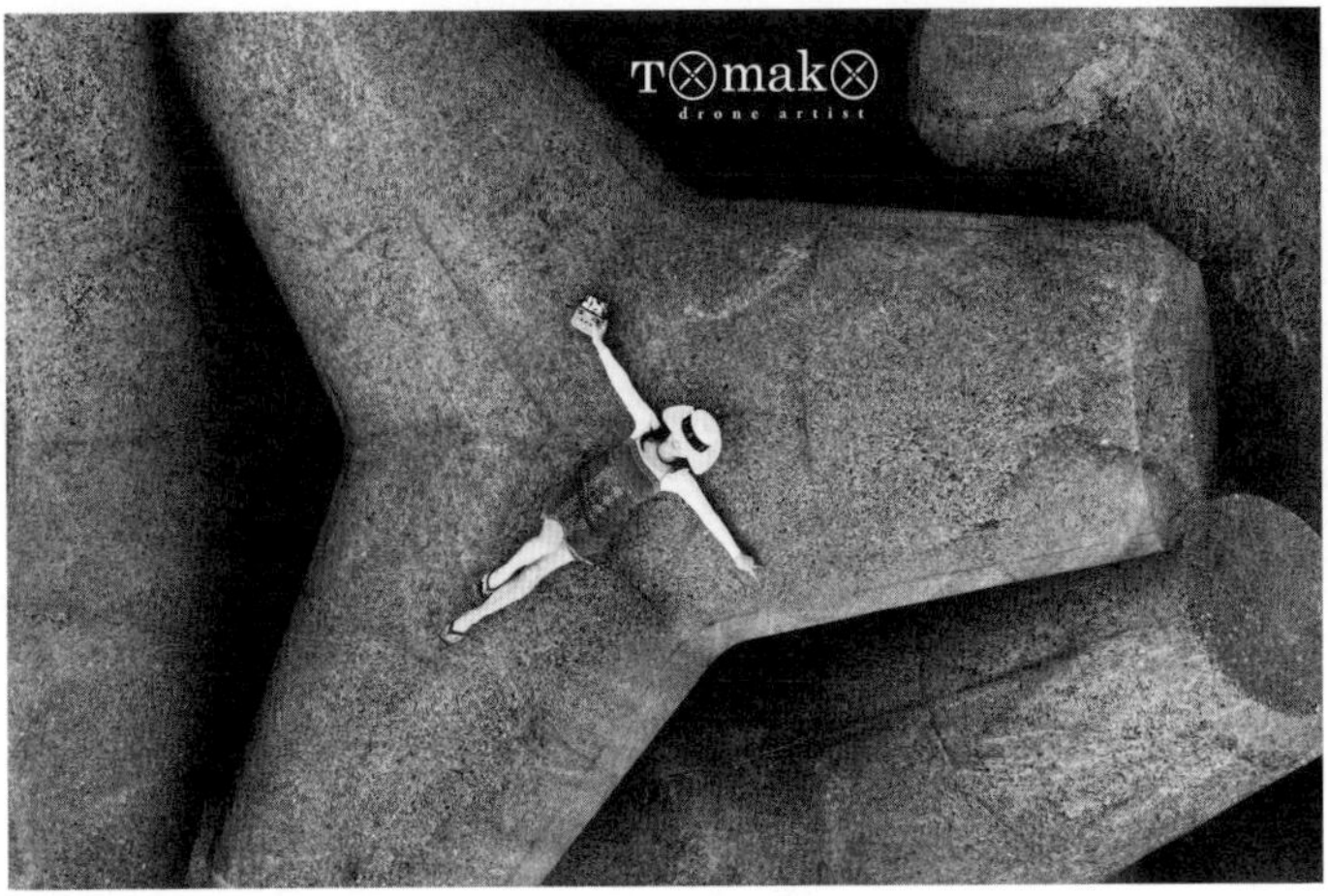

とまこさんのNFT

歌や映像作品の例

アニメソングを歌うことを夢見て、YouTubeにアニソンの「歌ってみた」動画を投稿している、歌手のNanaoさん。新しいことに挑戦しようと、2022年からNFTに取り組んでいます。

自身初のCDアルバムを作りたいと考え、スポンサーになってくれる支援者をNFTで募ったのです。「スポンサーNFT（スポンサーであることを証明するNFT）」を15個発売し、14万円以上集めました。支援をしたファンがNanaoさんを応援した結果、Nanaoさんの人気がもっと出れば、転売時のNFTの価格は上がるかもしれません。NFTは消費ではなく、資産の購入という側面もあるのです。

（NanaoさんのNFT）
https://nft.hexanft.com/users/BTZRIErLrFDV0f

このように、アーティストやクリエイター、インフルエンサーが、自分のコンテンツを販売したり、支援者を集めたりする方法が、NFTによって増えてきています。

絵を描いている人とコラボした例

自分で作品を作れなくても方法はあります。作品を作れる人を探して、その人と協力して作品をNFTにするのです。これなら、本書で解説したNFTの知識と経験だけでも稼ぐことができるのです。

会社員で双子のパパである、伊地知友貴（ビンボーゴリラ）さん。NFTの可能性をいち早く感じ、スマホ一つで活動を始めました。自分はイラストなどが描けないので、描ける人を探したそうです。そして、趣味でイラストを描いていた友人などに協力してもらい、2022年にNFTを発行しました。現在までに1000円から11500円のNFTを80以上出品して、ほとんどが売れています。

伊地知さんの NFT

さらに「自分の作品もNFT化してほしい」という声がどんどん集まり、今ではNFTプロデューサー、Web3戦略アドバイザーとして活躍しています。

（伊地知友貴さんのNFT）
https://nft.hexanft.com/nftmatic/3610
https://nft.hexanft.com/nftmatic/16721

自分で作品が作れなくても、NFTの知識と経験と工夫で稼ぐことができるのです。

3 AIを使って作品を作れないか？

自分で作品を作れない場合に誰かに頼むのではなく、**AI（人工知能）を使うという方法**

があります。

２０２２年から、とても進化したＡＩのサービスがたくさん出てきましたが、芸術の分野での実装も進んでいます。言葉の指示から画像（絵）を描くもの、短い文章から動画を作るもの、言葉の指示から作曲をしてくれるものなど、さまざまあります。

オススメのＡＩアート Midjourney

ＡＩを使った作品作りの中でも、象徴的な存在が69ページでも紹介したＡＩアートです。文字を入力するだけで、ＡＩが絵を描いてくれるのです。特にオススメなのはMidjourneyです。


それまでもＡＩが絵を描くものはありましたが、そこまで話題にはなりませんでした。Midjourneyが特に注目を集めたのは「人の期待を超える作品」を描いてくれることでしょう。

例えば、「犬」や「dog」と入力すると、どのＡＩアートでも犬は描いてくれます。しかし、それまでは私たちが「犬とはこういうものだ」というある程度想像した通りのものしか描けませんでした。しかしMidjourneyは、簡単な指示を入れただけでも期待を超えた「芸術的な絵」を描いてくれることが多いのです。

それで「これはすごい！」「おもしろい！」と多くの人が話題にし、自分が作ったものをＳＮＳなどでシェアすることで、認知がどんどん広がっていきました。

次ページに紹介するのは、私がMidjourneyで描いた「龍神」の絵です。私は龍が好きなので、試行錯誤しながら作ってみました。私は学校の美術の授業でしか絵を学んだことがない素人です。そんな私でも、言葉の指示を工夫するだけでこのような芸術的な作品が制作できるのです。

私はこのような龍の絵をMidjourneyで作り、ＮＦＴにして**1点1万円**で販売しました。すると**5日で15作品すべてが完売**したのです。ＡＩ×ＮＦＴという最先端の技術を組み合わせることで、新しい稼ぎ方ができることを実感しました（どうやって販売したのかは１３２ページ参照）。

私のように絵を描く才能やスキル・経験がなくても、こういう作品を作れるのです。試さないのはもったいないです。ぜひ使ってみましょう。

著者が作った龍神の絵

（Midjourneyの公式サイト）

https://www.midjourney.com/

AIを使ってNFT化するときの3つの注意点

ここで、AIを使って作品を作り、NFT化するときの注意点を3つ、解説します。

一つめの注意点は、生み出した作品の著作権が制作者のものになるサービスを使うことです。

サービスによっては「作品の著作権は、サービス側にあります」と規約に書かれているものも多いです。そのようなサービスを使って作った作品をNFT化してしまうと、著作権違反になってしまいます。

例えば、先ほど紹介したMidjourneyは、無料版で作成した絵の著作権などの権利は、制作者のものになりません。10ドル／月（2023年3月現在）からの有料プランだと、権利は制作者のものになります。ＮＦＴ化するときは、必ず有料プランで作成しましょう。

二つめの注意点は、ＡＩで手軽に作成しただけでは、著作権が認められない可能性があるということです。

著作物とは「思想又は感情」を「創作的」に「表現したもの」です。例えばMidjourneyで「dragon」と1単語だけ入力して出てきたドラゴンの絵が、はたして「思想又は感情」を「創作的」に「表現したもの」と言えるのか、ということです。逆に、作成に人間がどこまで関わったら著作物と言えるのか、という話でもあります。これについては、国によっても解釈が違い、議論が今まさにされています。

少なくとも「こういう作品を作りたい」という意図を持って作り、入力する言葉をいろいろ試しながら工夫しながら作品を完成させる必要があります。

三つめの注意点は、文字や文章などで指示するときに「作家名」や「作品名」を入れないことです。入れると作風を真似してしまいます。

著作権の中に著作者人格権があり、その中に「同一性保持権」があります。人の著作物を勝手に真似たり、改変したりしてはいけないのです。著作権は国によって考え方や基準が若干異なります。NFTはグローバルに転売できるため、AIアートで作家名や作品名を入れての制作はしないほうがいいでしょう。

著作権を適切に守って、AIを使ってNFT化している例

ここで、前記の3つの注意点を守って、AIアートをNFT化している人を紹介します。それが、西洋美術史の講師をしている内田ユミさんです。

彼女は西洋美術史の知識が豊富にあるので、自分が好きな絵や多くの人が好みそうな西洋風の絵をMidjourneyで定期的に描き、NFTにして出品しています。

内田ユミさんは、NFTを出品するときの権利関係の補足として、以下のようなことを書いています。

「作品の制作には、AI画像生成サービスMidjourneyの有料版を利用しています。他のアーティストの著作権等を侵害しないよう、特定の画家名や作品名を指定することなく、画像制

内田ユミさんのNFT

作を行っています」

このように書くと、注意点の一つめと三つめはクリアできます。

また、注意点の二つめについても、画家名や作品名を指定せずに、このような芸術的な作品を制作しているので、創作作品であると説明できます。さらに内田ユミさんは、自分が創意工夫した証拠を残すために、Midjourneyに入力した文字も残しているそうです。ここまでしておけば、注意点二つめの対策となり安心できます。

このように、権利関係を理解し、文章で明確に書いたり、自分でも証拠を残したりしておきましょう。

（内田ユミさんのNFT）
https://nft.hexanft.com/nft/issue/EAwDdnZr

4 現物の何かをNFTにできないか？

現物の価値あるコレクションや、実際にある商品・サービスの持ち主である権利をNFTとして発行する事例も増えています。

現物のウイスキーの樽とNFTを紐づけた例

株式会社UniCask（ユニカスク）は、ウイスキー樽の中の蒸留酒をNFTにして、将来、そのお酒を受け取れる権利を販売しています。樽丸ごとだととても高額になるので、100口に分けて、個人で買いやすくしています。10年以上も先に完成する商品を先行で販売するのは、これまでは考えにくいことでした。

でもNFTを活用することで、誰が持ち主なのか管理がしやすく、転売もしやすくなります。途中で手放したくなったらそれもできるのです。NFTにしたことで海外からも注目され、世界中から支援者を集めています。

経済産業省も注目していて、「Web3.0政策推進室」の審議会（2022年12月16日）でもUniCaskを取り上げています。

数十年先に完成するウイスキーに対して、製造開始のタイミングで支援者を集められるのは画期的です。このように、NFTは工夫次第で、既存のビジネスのやり方を大きく変える可能性があります。

（UniCaskの公式サイト）
https://unicask.jp/

column

「ChatGPT」にMidjourneyの指示に使う英語を聞いてみよう

AIを利用したチャットボット（自動応答システム）であるChatGPT（チャットジーピーティー）が話題になっています。サービス開始からたった2カ月で、月間のアクティブユーザー数が1億人になったとさまざまなメディアでニュースになりました。

チャットで質問すると、幅広いテーマに対して詳しい回答をしてくれます（適切であるとは限らないので注意は必要です）。

私も使い方をいろいろ試しているのですが、Midjourneyで作品を作るときにとても役立っているので紹介します。

Midjourneyは、描きたい絵をイメージしながら、それが生成されそうなキーワードを英語で指示する必要があります。しかし、英語に相当に詳しくないと、どんなニュアンスの言葉を入れたらいいのかわからず、意図通りにならないことが多いです。

そんなときはChatGPTに以下のように質問をしてみてください。

「●●とは？　英語で答えて」

私は「西洋のドラゴンとは違う、東洋の龍とは？　英語で答えて」と質問しました。Midjourneyに「dragon」と指示すると、羽の生えた火を噴くトカゲのような西洋的なドラゴンが描かれてしまいます。「東洋的な龍」を描かせるために英語でどう指示を出すかに悩みました。でも、ChatGPTの回答を参考にしてMidjourneyに指示したら、すぐに「東洋的な龍」が描けたのです。ChatGPTの賢さを実感しました。

注意点として、ChatGPTは日本語で質問すると日本語で回答されてしまいます。それだと、Midjourneyに入力したい英語がわかりません。「英語で答えて」「英語で教えて」などと書いておくと、英語で答えてくれます。

「AIで調べて、AIで作品を作る」時代が到来しました。ぜひChatGPTなどのAIサービスも積極的に使ってみましょう。

（ChatGPT公式ウェブサイト）

https://chat.openai.com/chat

06

NFT化して売って稼ぐステップ②

NFTを出品する準備をする

1 初めての人が出品するのにオススメのマーケットプレイス

「NFTを買ってみよう」のところで、4つのマーケットプレイスの特徴をまとめました。同じ4つのマーケットプレイスを、出品の観点でまとめ直すと次ページの表のようになります。

執筆現在では、LINE NFTと楽天NFTは、マーケットプレイスが認めたクリエイターの作品しか出品できません（一般の人も出品できるように検討はされています）。OpenSeaは仮想通貨やMetaMaskなどのウォレットが必須であるため、初めての方の最初のチャレンジにはハードルが高いです。

	仮想通貨	
	必須	日本円で売買できる
誰でも出品できる	OpenSea	HEXA
マーケットプレイスが認めた人だけが出品できる	――――	楽天NFT LINE NFT

そこで本書では、誰でも出品ができ、日本円だけで売買ができるHEXAを例に使ってNFTの販売の仕方を解説します。しかし、基本的な考え方は、海外を含む他のマーケットプレイスでも同じです。

Web3の世界は、前提として「自己責任」です。中央で管理する人がいないのが特徴だということは、改めて肝に銘じる必要があります。

NFTもまだ新しい技術で、法整備があまり進んでいません。だから、各マーケットプレイスの規約も、

「問題が起きたときは、NFT発行者の責任になります」

「問題が起こっても、マーケットプレイスでは責任を持ちません」

と書いてあることが多いです。他にも細かいことがたくさん書かれていて、NFTにチャレンジしようという気持ちが削がれるかもしれません。

でも、安心してください。規約で書かれていることのほとんどは、

私が本書で解説していることです。本書を読んで理解すれば問題ありません。

2 「自分の作品（著作物）」をNFTにする

最初に強調しておきたいのは「普通に」NFT化すれば心配はないということです。普通ではない「新しいこと」「変わったこと」をやろうとするときだけ、注意点がいろいろと出てきます。

自分の作品だけをNFTにして出品すれば大丈夫です。それをここでは「普通に」NFT化すると定義します。自分の作品とは、法律の言葉でいうと「著作物」ということです。

著作物について文化庁のサイトには以下のように定義されています。

「思想又は感情」を「創作的」に「表現したもの」であること
「文芸、学術、美術又は音楽の範囲」に属するものであること

そして、著作物の例として「小説、音楽、美術、映画、コンピュータプログラム等」があ

がっています。

逆に、著作物ではないものの例として、思想・感情ではない「単なるデータ」、創作的でない「単なる模倣」、表現していない「単なるアイデア」があげられています。

つまり、自分なりに考え感じて表現した創作物が著作物なのです。

人の作品を真似たものを作ると、相手の著作権を侵してしまう可能性があります。イラストだと、マンガやアニメのキャラクターをそのまま描いてNFTにするのが論外なのはわかりやすいと思います。

勘違いしやすいところとして、「ピカチュウ風」「ミッキーマウス風」などのように、人の作品を真似たものをNFT化するのもダメです。特に、AIアートの作成だと、操作が簡単ですぐに真似できてしまうので注意が必要です。

著作権的にOKでも、商標権を侵してしまう可能性もあります。商標権も知っておきましょう。

商品を選ぶときに、その商品についている「ネーミング」や「マーク」を目印にすることがあります。そのネーミングやマークが「商標」です。商標は、それを作った企業や人の財産であり、その財産を守る権利が「商標権」です。

ネーミングやシルエットや形が近いだけでも、商標権を侵したことになる場合があります。一文字だけ変更したり、カタカナをひらがなに変えたりするだけでは、商標権を侵害することがあります。何かに似せた作品を作るのは避けましょう。

3 「人と写った写真や動画」「人のことを書いた文章」はNFT化しない

NFT作品を作るとき、他にも注意することがあります。それは、他人が写った写真や動画をNFTにしたり、他人のことを書いた文章をNFT化したりするときです。このとき相手の権利を侵さないようにしなければなりません。NFT化に慣れていないうちは他人を絡めないようにしましょう。

そこで、他人を絡めるときに注意しなければいけない4つの権利について解説します。これはSNSなどの発信でも同じです。大人の常識として、知っておきましょう。

相手の肖像権

私生活の容姿を無断で撮影されたり、撮影された写真や動画を勝手に公表されたりすると嫌悪感や恐怖を覚えます。このような精神的な苦痛を受けないように、自分の写った写真や動画などが勝手に公表されない権利が、肖像権です。従って、人と写っている写真や動画を勝手にＮＦＴにするのはＮＧです。

相手のプライバシーの権利

私生活の情報を勝手に公表されない権利です。公表していないことを無断で書いたり、写真や動画でアップしたりすると、この権利が問題になります。よかれと思って出したら問題になることがあるので注意しましょう。

相手の名誉権

人格権の一つで、むやみに名誉を害されない権利です。たとえ真実を公表したとしても、相手の社会的な評価を下げる可能性があれば名誉棄損になることもあるので注意しましょう。

相手のパブリシティー権

これは著名人が相手の場合ですが、その人の肖像や名前の持つ経済的な価値、財産的な価値をその人が独占できる権利です。相手のネームバリューや影響力を勝手に使うことは許されません。

これらの権利があるので、他人と関わるNFTを作るときは必ず許可を取る必要がありま す。そのときは、NFT化とはどういうことなのかなどについても、わかりやすく説明して、理解してもらう必要があります。説明や理解をもらうのに自信がない方は、他人の写ったものを使わないようにしましょう。

最初にも強調したように、自分の作品だけをNFTにして出品すれば大丈夫です。自分のオリジナリティで勝負しましょう。そして、安易に人が絡んだものをNFTにしないことです。

4 おまけを考えよう

NFTはまだ新しい技術のため、「NFTって何？」「何かあやしくない？」と思う人も多くいます。周りがそのような考え方では、NFTを売り出してもなかなか売れません。

そこで、買いたいという気持ちを高めてもらえるように、出品時におまけをつけたり、無料でプレゼントをしたりすることも、とても大切です。

ＮＦＴのプロモーションを見ていると、新しいお客さんを増やすために、ＮＦＴを無料でプレゼントしていることがあります。これを「エアドロップ（エアドロ）」「ギブアウェイ」などと言います。

あなたも、ＮＦＴを出品するときに、どんなおまけやプレゼントをつけるとファンが喜んでくれそうか、じっくり考えてみましょう。

一般懸賞

一般懸賞は、ＮＦＴ購入者の中から「抽選でプレゼント」「じゃんけんで買った人にプレゼント」「くじで当たった人にプレゼント」などが該当します。このときは、プレゼントの金額に上限があること（商品・サービスの価格が５０００円以上のときは10万円、５０００円未満のときはその価格の20倍まで）と、売上予定総額の２％までという上限があることを知っておきましょう（売上予定総額は、運営者が何かしらの根拠をもとに決めることができます）。

例えば1万円のＮＦＴを１００個売り出して、抽選でプレゼントをしたいとします。その場合、プレゼント額の上限は10万円です。ただし、売上予定の総額の２％相当額は２万円なので、プレゼントの総額は２万円までとなります。それを踏まえて、２万円相当のプレゼントを1人にするのか、1000円相当のプレゼントを20人にするのか、などを考える必要があります。

エアドロップで無料プレゼントするときも、1万円のNFTを100個売り出すのであれば、2個（合計2万円分）までになります。

総付《そうづけ》景品

総付景品とは、NFT購入者に「もれなくプレゼント」「希望者全員にプレゼント」「先着○名まで全員にプレゼント」などの場合が該当します。その場合は、商品の金額の20%まで（1000円以下のものは200円まで）となります。例えば、1万円のNFTであれば、2000円までとなります。

特定のNFTの保有者全員に、新しいNFTをエアドロップするようなものも、これに当たります。

NFTの保有者に配当してはいけない

おまけを考えるときに一つ注意点があります。お店ではときどき「1万円の商品を買うと2000円のキャッシュバック」「1万円の商品を買うと2000円の商品券をプレゼント」

などのような手法がとられます。しかし、それを真似して、ＮＦＴ発行者が利益を上げたときにＮＦＴ保有者に対して利益の分配などをしようとすると、違法になりかねないのです。利益の分配をすると株式などと同じく「有価証券」の扱いになり、金融商品取引法に定められた金融商品取引業者の登録がないと発行できない可能性があるからです。注意してくださ い。

無料ＮＦＴのプレゼントは０円で計算できる？

ちなみに、景品表示法とＮＦＴの絡みでは、まだ価格がついていないＮＦＴを「無料」でプレゼントする場合は「０円」という扱いでいいのか、という議論があります。ＮＦＴは転売すればすぐに価格がつく可能性があるためです。

これについては、２０２２年5月の参議院の「消費者問題特別委員会」で取り上げられました。消費者庁の答弁で、一般論という前置きの上ですが「二次流通（もらった人が他の人に売る）の場合に価格が高騰したとしても、それは景品表示法上の制限には抵触しない」とのことでした。法律はまだできていませんが、一つの目安になるので知っておきましょう。

「無料プレゼント」か「アフターフォロー」を考えてみよう

HEXAでは、NFTの保有者限定で「袋とじメッセージ」をつけられます。私はそこに、作品を作った背景にある想いや、作品に関連する情報を書いています。また、画像や動画を使って、感謝の言葉を載せている人もいます。これらもプレゼントになります。

景品類に入らないもので「アフターフォロー」をする方法もあります。NFTを初めて買う人もまだまだ多いので、購入後の不明点や疑問点に答えるようなサポートをすると喜ばれます。私は、NFT保有者だけが入れるコミュニティを作って、フォローしています。

07

NFT化して売って稼ぐステップ③

NFTを出品する

NFTを出品するための操作はとても簡単です。ここまで解説したような知識がわかっていないとドキドキしますが、わかっていれば安心して操作できます。ここではHEXAの例で解説します。

1 ステップ1　Twitterのアカウント認証をしよう

HEXAのHPへ移動し、「NFTを販売」を選択します。

次にHEXAでNFTを売買するためには、本人確認のためにTwitterアカウントを認証します。Twitterのアカウントを持っていない方は、まず作ってください。Web3やNFT界隈では、Twitterを使うところが多いです。今のところTwitterは必須です。

※Twitterアカウントを登録する方法
https://help.twitter.com/ja/using-twitter/create-twitter-account

2 ステップ2　NFTにするデジタルデータを選ぼう

「作品（画像・動画・音声・3Dデータ等）をNFT化する」か「ツイートをNFT化する」を選びます。ここでクリックするだけで、自動的にNFTになります。

3 ステップ3　NFTを販売する条件を設定して申請しよう

次ページの表を参考にしてください。

この解説はHEXAだけでなく、どのマーケットプレイスでも活かせます。NFT作品へのあなたの想いやこだわり、権利関係などをしっかり記入しましょう。

①「日本円での販売」「仮想通貨での販売」を選択	初めての方は「日本円での販売」を選びましょう。
②発行チェーン	初めての方は「MATIC」を選びましょう。
③販売方法「固定価格」「オークション」を選択	「固定価格」は発行者が価格を決めます。 「オークション」は入札制で、一番高い金額を提示した人が購入します。 自分に合ったほうを選びましょう。
④販売方法「先着」「抽選」を選択	固定価格を選んだときは「先着」なのか「抽選」なのかを選びます。初めての方は「先着順」を選びましょう。最初に申し込んだ人が購入できます。
⑤希望販売期間	最大で1カ月まで設定できます。期間が切れてもいつでも再販はできますが、長めに設定しておいたほうがいいでしょう。
⑥二次ロイヤリティ	転売されたときに制作者が受け取れるお金の割合です。0～10％で設定できます。何か特別なこだわりがなければ10％のままにしましょう。
⑦会員権付きNFTとして発行する	初めての方は「チェックなし」のままにしましょう。
⑧金額	1000円以上、1000円単位で設定できます。
⑨タイトル	大きく出るので、魅力的なものを練りましょう。
⑩説明文	任意ですが、必ず書きましょう。制作の想いやこだわりなどを、しっかり書いたほうが付加価値は高まります。適当に書いてはいけません。 下書きを作って、読み直して推敲してから載せましょう。

⑪保有者限定 袋とじメッセージ	任意ですが、必ず書きましょう。NFTの保有者だけが見られるところです。保有者に対する感謝の気持ちや、作品に対するより細かい解説や想いを書くのもオススメです。画像や動画などを添付することもできます。 「袋とじ」は人気があるので、上手に使うと付加価値が高まります。
⑫権利関係の 補足事項	任意ですが、必ず書きましょう。NFTの案内ページに載り、ずっと残ります。 特別な理由がない限り「著作権は譲渡されません」と書いておきましょう。さらに、どんな使用がOKで、どんな使用はNGかを書いておきましょう。そうすれば、著作権などの知識がない人にも理解されやすくなります。 ※AIシステムを使うときは、107ページの3つの注意点を意識して、自分に著作権があることを書いておきましょう。
⑬コンテンツ作成に使用したアプリ・ツール、使用している商用利用可の元コンテンツなど	権利関係の補足事項に書き切れないことや、NFTの案内ページに書く内容ではないがマーケットプレイスにはアピールしておきたいことなどがあれば、書いておきましょう。著作権などを守って適切にNFTを作っていることを書いておいたほうが、自分を守ることにもなります。
⑭発行条件まとめ	間違って入力していないかを確認します。
⑮「利用規約に同意する」「NFT発行時に気をつけるべきポイント（法令・規則）」を読んで、チェックを入れる ※AIを使って作成するときは「AI生成コンテンツを発行される方はこちらの注意事項も必ずご確認下さい」も確認する	本書で解説しているようなことが書かれています。本書も復習しながら、一度は規約を熟読して理解しましょう。Web3時代は自己責任が原則です。読まずに適当にチェックしてはいけません。
「NFTを発行する」	クリックすると審査に送られます。1時間～1営業日ほどで、審査の結果が出ます。審査に通ると、販売ページができます。

column

NFTと似ているようで全然違う！「SFT」って何？

トークン（暗号資産）は、今のところ大きく分けて3つの種類があります。FT、NFT、SFTです。この分野の初心者には少し難しい話になりますが、これらの違いを知っておくと、本格的にビジネスをやるときに役立ちます。

FTはFungible Tokenの略で、交換できる（Fungible）トークン（Token）です。ビットコインやイーサ（イーサリアムの仮想通貨）など、一般的な仮想通貨（暗号資産）はここに含まれます。私のイーサとあなたのイーサは同じで区別ができません。

NFTはNon-Fungible Tokenの略で、本章で詳しく解説したように、一つ一つが異なったもので、代替できない（Non-Fungible）トークンでした。デジタルアートやブロックチェーンのゲームアイテムなどで利用されています。あるデータとトークンは一対一の関係で紐づいています。見た目が似たような（ときにまったく同じものが複数）NFTとして発行されることがありますが、それぞれまったく別のものとして扱います。

そして、SFTはSemi-Fungible Tokenの略で、特定の条件（送信や消費など）に従って、FTがNFTに自動的に変わるものを言います。FTからNFTへと変化するため、FTの上にS＝Semi（半分・準）がつきます。発行時はFTで、誰かに送られたときにNFTに変わるものが多いです。SFTは一つのデータに複数のデータが紐づいている関係を作れます。スポーツやコンサート・飛行機などのチケット、ゲームのアイテムなどでの活用が期待されています。

例えば、スポーツの観戦チケットで、席の位置（番号）が決まっていない「自由席」などを複数発行したい場合、SFTであれば、まずはFTとしてまとめて発行できます。すると、数量を増減したりコストを下げられたりします。そして、チケット販売時や試合終了日時などにNFTに変えることができるのです。そうすることによって、試合終了後のチケットがコレクションとしての需要を満たすことができます。

SFTの最新の規格は2022年9月に採用されたばかりで、いろいろな利用法が模索されています。

NFTの発行を考えるときに、FTからNFTに変えられるSFTという観点も持っておくと、より幅広い視点からビジネスを練ることができるかもしれません。

08

NFT化して売って稼ぐステップ④

制作プロセスを共有してNFTを売る

ここまでの解説を読めば、NFTは出品できます。そこで、まずは出品してみましょう。運がよければ、その作品を偶然見つけた方が、ビビッと運命を感じて買ってくださる可能性もあります。私の作品でも、何人もそういう方がいました。

ただし、単にマーケットプレイスに出品するだけで売れることは稀です。制作者自身がその作品を宣伝して、その作品を多くの人に知ってもらう努力が必要です。

商品が売れる仕組みを作ることを「マーケティング」と言います。ここでは、NFTを広めて売るためのマーケティングを解説します。

1 コンセプトを作る

マーケティング（売れる仕組み作り）で最初にやることは「コンセプト作り」です。コンセプトとは「商品・サービスなどの概要」のことです。商品・サービス全体に貫かれた「骨格となる発想や観点」、一息で説明できる程度の長さの「その商品・サービスのわかりやすい特徴」とも言えます。それを聞いただけで興味を持ってしまうようなものを考えます。

例えば「これまで痩せられなかった人を確実に痩せさせるパーソナルダイエットサービス（ライザップ）」や「掃除をする時間がない人や面倒な人が手間をかけずに済む掃除機（お掃除ロボットのルンバ）」などがコンセプトです。

商品作りやマーケティングの根幹・土台になるので、早めに固められると理想的です。でも、やりながらどんどん修正していっても問題ありません。

例えば、私の龍神NFT（107ページ参照）でいうと、「見るだけで金運が高まりそうな、縁起のいい金の龍神の絵」というのがコンセプトです。

私は参拝を毎月するくらい、龍神様が大好きです。絵が描けない自分でもAIを駆使して自分が理想とする絵を描きたいと思い、数カ月、試行錯誤しました。

このように自分が大好きなものをＮＦＴにすると、想いがこもり、こだわりも強まり、いい作品が作りやすいです。

龍はもともと中国で人気があります。欧米でもマンガの『ドラゴンボール』や『ワンピース』が人気で、作中には「龍」「龍神」が出てきます。そこで、龍神の絵ならグローバルなマーケットでも売れるのではないかというビジネス的な考えもあり、このコンセプトに決めました。

2 コンセプトを意識して作品を制作する

コンセプトを作っておかないと、作品を作っている間に、自分でも迷ったり、何を作りたかったかわからなくなったりします。特にアーティストタイプの方は直感派が多いので、ブレやすいです。そういう方ほど、常にコンセプトを意識することをオススメします。そして、考えたり迷ったりしたときは、コンセプトに戻りましょう。それが判断の軸になり、ブレなくなります。

3 SNSやメルマガで発信して、多くの人に知ってもらう

想いを込めて作ったNFT作品。ぜひ買ってほしいですよね。

でも残念ながら、マーケットプレイスにただ出品するだけではなかなか売れません。自分のSNSなどで作品を宣伝して、多くの人にまずは知ってもらうことを考えましょう。

また、作品の宣伝とあわせて、その作品に興味がありそうな方に自分のSNSやメルマガに登録してもらうことも大切です。

私は【これからの時代のお金とビジネス相談室】という無料Facebookグループを運営しています。そこでNFTやお金の話はもちろん、ときどき、龍神様を祀っている神社に参拝してきたことを発信しています。それにより、龍神NFTに興味を持ってくださる方が私の周りに増えました。だからFacebookで作品を作ったことを宣伝すると、買ってくださる方がいるのです。

私の活動もぜひ参考にしてください。

【これからの時代のお金とビジネス相談室】

https://www.facebook.com/groups/kanotoshi

発信するＳＮＳは何でも構いません。Facebook、Instagram、Twitter、YouTube、TikTok、Clubhouseなどの中から自分が好きなＳＮＳか、自分の作品に興味を持ってくれそうな人が使っているＳＮＳを使うことをオススメします。

もし、**まだ力を入れているＳＮＳがなければ、Twitterがオススメ**です。Web3やＮＦＴとの相性がよく、短文で投稿できます。コンセプトに関連する内容を発信したり、ＮＦＴについて発信したりしていくと、それに興味を持つ人がフォローしてくれます。

１０３ページで紹介した伊地知友貴さんも、２０２２年に入ってから本格的にTwitterを始めました。ＮＦＴ関連の情報を発信して、１年で４０００人もフォロワーを増やしています。発信を1年続けると、フォロワーはとても増えます。

情報を発信し続けたことで、さまざまな企業のＮＦＴプロデュースの依頼もくるようになったそうです。

4 コミュニティを作って、集まった人と関係を深める

SNSやメルマガにフォローや登録をしてもらったら、集まってくださった方と双方向でコミュニケーションをとり、関係性を深めていくことが大事です。こちらの発信を一方的に読んだり見たりしてもらうだけだと、関係性が深まるのに時間がかかります。対面やオンラインで会話ができると理想的ですが、コメントで反応してもらうだけでも関係が深まるスピードは加速します。

私は、Facebookグループで定期的にFacebookライブをしています。さらに一方的に発信するだけでなく、コメントをつけてもらって、それにレスするようにしています。そうすることで、濃い関係が築けていると感じています。

そしてNFTのマーケティングでは、コミュニティとしてDAOを作る動きも出てきました（DAOについては5章参照）。

もし、まだ力を入れているコミュニティがなければ、Discordがオススメです。NFTとの相性がいいからです。コミュニケーションをとるのもチャットで気軽にしやすいです（72ページ参照）。

5 SNSやコミュニティで進捗を発信する

コミュニティを作って関係性を深めながら、NFTの制作プロセスをどんどん共有していきましょう。作品ができたあとで共有すると、売り込みをされたように感じる人も多くいます。でも、制作しているときの想いや苦労、試行錯誤などを現在進行形で共有すると、コミュニティ参加者も一緒に作っている気持ちになれます。アンケートや投票などをして、声を反映して作っていけると最高です。

完成したあとの作品自体では、機能や性能などで差別化するのが難しくなってきました。AIが発達することで、これまではスキルや経験が必要だったことも、AIが替わってやってくれる時代が近づいています。

そんな時代だからこそ、制作のプロセスを共有して、フォロワーの方に「ファン」にまでなってもらえるような関係作りが大事になります。制作プロセスでの苦労や悩み、それでも想いを持ってこだわっていく姿勢を等身大で見せていきましょう。そうすると、その「ストーリー」に共感して、応援・支援してくださる方も増えていきます。

そしてNFTの出品に向けてカウントダウンしていき、自分の気持ちを盛り上げていきましょう。

「あと少しで完成です」「いよいよ完成間近です」「ついに完成しました！」「今日の○時に出品します！」「今、出品しました！」などと、ここでもプロセスを共有していきます。こうすることで、こちらから売り込まなくても、共感してくださった方が自然と購入してくれます。

OpenSeaなどでグローバルにNFTを販売したいときも、考え方ややり方の基本は同じです。英語版のTwitterを作って英語で発信し、Discordでは英語でコミュニケーションをしていきます。35ページのコラムで解説したように、今は翻訳サービスも進化しています。日本のマーケットプレイスに慣れたら、次はOpenSeaにもチャレンジしてみましょう。

ここまで、NFTでの稼ぎ方を解説してきました。NFTだけでも、稼ぎ方の選択肢がどんどん増えていることを実感していただけたのではないでしょうか？

そして、NFTのトレンドでも触れましたが、今後「NFTとメタバースの融合」が起こ

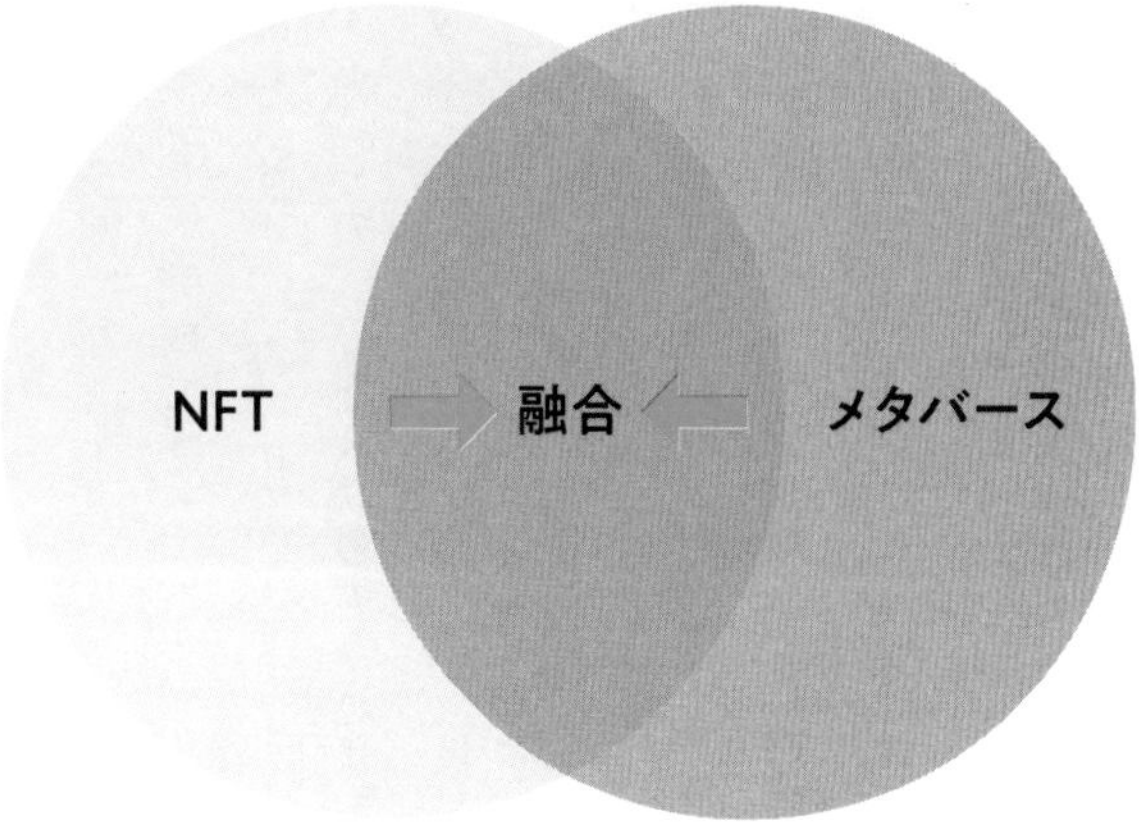

ります。これが進むとものすごく大きな経済圏が生まれる可能性が高いのです。これからくる大波に乗る準備をしましょう。

メタバースについては、次の章で詳しく解説します。

column

NFTの税金について理解しよう

NFTで見事に稼ぐことができたら、税金をきちんと納めましょう。ここでは、NFTに税金がかかる、典型的なパターンを解説します。

●NFTを転売して利益が出たら、譲渡所得
NFTは資産です。その資産が値上がりしたときに売ると利益が出るので、税金の対象となります。

例えば10万円で買ったNFTを15万円で売ったら、差額の5万円が所得になり、所得税（譲渡所得）の対象となります。

●NFTを発行して売れたら、事業所得か雑所得
自分が作品を作ってNFT化して売って利益が出たときは、事業所得か雑所得になります。個人事業主の方がビジネスとして継続的に販売していたら、基本的には事業所得です。

副業については、2022年8月に国税庁が「収入が300万円以下の副業は、事業所得ではなく、雑所得とみなす」という方針を発表しました。反対の声が多く、いったんは取り下げられましたが、今後は副業でも300万円に満たないと雑所得になってしまうかもしれません（事業所得にできたほうが税金の優遇が多い）。

●NFTを買っただけで、税金がかかることも

NFTの購入を、イーサなどの仮想通貨（暗号資産）で行った場合は注意が必要です。このとき、NFTを買うために仮想通貨を売ったことになるのです。だから、その仮想通貨が値上がりしていたら利益と見なされ、税金の対象となります。

他にも税金がかかるケースがあります。NFTで稼いで利益が出たら、税金のことも忘れないようにしましょう。

第4章

急成長する「メタバース」が新たに生んだ仕事で稼ごう

01 稼ぐためにメタバースを理解しよう

1 メタバースって何？

メタバースとは、たくさんの人がインターネットで同時につながる3次元の仮想空間です。「アバター」と呼ばれる自分の分身を使って、この空間に入ります。そして、その中で自由に行動したり交流したりすることができます。

メタバースの語源は「Meta（超越）」＋「Universe（世界）」です。１９９２年に発表されたニール・スティーブンソンのＳＦ小説『スノウ・クラッシュ』（早川書房）で使われた造語です。小説でのメタバースは「何億人でも同時に接続できる」「地球より広い世界」「現実世界と同じ解像度」という設定でした。

30年経っても、まだこれは実現されていません。実現にはもう少し時間がかかりそうです。

2 メタバースの市場は2030年に80~100兆円に

メタバースの市場は、現在はまだ4~5兆円規模です。今後の予測として、リサーチ会社によっては2028~2030年には80~100兆円規模になるという数字を出しているところもあります。

アパレル産業の世界規模の市場が200兆円、自動車産業が400兆円と言われています。それに近い巨大な市場が、たった5年から10年ほどで新しく生まれるかもしれないのです。

さらにイギリスのシティグループは、2030年の潜在市場を8~13兆ドル(1000兆円規模)と予測しています(2022年3月)。メタバースがWeb3の中核になると捉えているのです。

メタバースという言葉は、2021年に急に流行しました。その大きな理由は、2021年10月に、GAFAMの一角、Facebook社が社名をMeta Platforms(メタ・プラットフォームズ)に変更したからです。毎年1兆円規模で10年間、メタバースに投資していくことも発表しました。GAFAMの一つが本気でメタバースにお金をつぎ込めば、そこに大きな市場が生まれる可能性が高くなるため、多くの人が注目し話題にしたのです。それまでも「メタバース」という表現を使っている人はいましたが、Facebookの社名変更のインパクトはとても大きいものでした。

さらに2021年の前半は、NFTが広がりを見せ始めた時期です。デジタル空間のメタバースと、デジタル資産のNFTはとても相性がいいため、「NFTとメタバースが融合して、大きな市場になるのではないか」と期待も膨らんだのです。

ところで、実は「メタバース」という言葉は、はっきりとした定義がないバズワードです。バズワードというのは、専門用語のようなもっともらしい言葉だけど、実は意味があいまいな用語のことです。

なぜメタバースの定義がはっきりしないかというと、いろいろな業界が自分の業界に都合よく定義しているからです。それで話がかみ合わず、今は混乱が起きています。

3 4つの業界が考える「メタバース」

いろいろな切り口がありますが、本書では代表的な4つの業界が考える「メタバース」を解説していきます。メタバースにまだ慣れていない人は、どんなものがメタバースと言われているのかを理解するところから始めましょう。

VR業界は「VRゴーグル」の普及が前提

「Virtual Reality（バーチャルリアリティ）」＝「仮想現実」に関わる仕事をしている人や会社にとってのメタバースは、ユーザーがVRゴーグルを使うことが大前提です。VRゴーグルで3次元の仮想空間に没入する体験とコミュニケーションこそがメタバースの価値であるというスタンスです。

例えば、Meta社（Facebook）は、VRゴーグルを使ったメタバースの拡大を、社運をかけて推進しています。VRゴーグルのシェアの圧倒的1位は、2023年現在、Meta社の「Meta QUEST 2（メタクエスト2）」です。

世界中で使われているVRメタバースは「VRChat（ブイアールチャット）」です。VRゴーグルを持っている人が入ることができます。アプリはMeta QUESTを購入すると無料でダウンロードできます。コミュニケーションは英語が中心になりますので、英語に苦手意識がない方はぜひ参加してみましょう。

(C) cluster,Inc.

（VRChatの公式サイト）

https://hello.vrchat.com/

日本だと「cluster（クラスター）」が有名です。

clusterはVRゴーグルがなくてもスマホやパソコンから参加できますが、やはりVRゴーグルを使うと没入感があっておもしろいです。アプリを無料でダウンロードできるので、使ってみましょう。

VRChatなどは英語が話せないと難しいですが、clusterは日本人がほとんどなので、初めての方も参加しやすいメタバースです。

（clusterの公式サイト）

https://cluster.mu/

(C) The Sandbox

クリプト業界は「ブロックチェーン」と「NFT」が前提

次にクリプト業界のメタバースを解説します。「クリプト」は「暗号」という意味です。ブロックチェーンを基盤とした、暗号資産やNFTなどを使えるメタバースです。3次元の仮想空間がブロックチェーンやNFTと融合することで、新たな経済圏が生まれることにこそ価値があるというスタンスです。

この業界に当たるメタバースには、「The Sandbox(ザ・サンドボックス)」「Axie Infinity(アクシーインフィニティー)」などがあります。

(The Sandboxの公式サイト)
https://sandboxgame.online/

（Axie Infinityの公式サイト）

https://axieinfinity.com/

ただし、このメタバースを楽しむには、ブロックチェーンやＮＦＴ、仮想通貨（暗号資産）の知識やスキルが必要になります。初めての方にはややハードルが高いでしょう。まずは公式サイトで、メタバースの雰囲気を感じるところからスタートしてみましょう。

３ＤＣＧ業界は「３次元空間でのコンピュータグラフィックス」が前提

メタバースの定義として「たくさんの人がインターネットで同時につながる３次元の仮想空間」と冒頭に書きました。この定義だと、たくさんの人が同時に参加できるオンラインゲームも「メタバース」ということになります。これを業界用語で「ＭＭＯ（Massively Multiplayer Online）」と言います。直訳すると「大規模 多人数参加型 オンライン」です。たくさんの人が仮想空間に同時に接続できるからこそ価値があるというスタンスです。この業界はメタバースを一番広く定義しています。オンラインゲームを開発している人や会社は、このスタンスであることが多いと感じます。

この業界の強みは、すでに何億人ものゲームユーザーを抱えていて、同時接続を

1000万人単位でやれるものまであることです。

有名なゲームに「Fortnite(フォートナイト)」があります。パソコンやNintendo Switchに無料でダウンロードして遊ぶことができます(ただし、快適にプレイするためには、ゲーミングパソコンなど、それ相応のスペックのパソコンを用意することをオススメします)。

2020年4月には、ラッパーのトラヴィス・スコット氏とのコラボイベントでの同時接続が1230万人になったと話題になりました。イベントの様子はスコット氏のYouTubeでもアップされています。

(Fortniteの公式サイト)

https://www.fortnite.com/

AR業界は「ARグラス」の普及が前提

「Augmented Reality(アグメンティッド・リアリティ)」＝「拡張現実」という言葉があります。現実の世界にバーチャルな視覚情報を加えることで「現実」を「拡張」する技術のことです。

この業界が「メタバース」と言えるかは微妙なところですが、かなり近い業界なので紹介します。

例えば、スマホのカメラで写している実画像に、CGの映像を重ねて表示すると、そのCGが実際にこの世界にあるように見えます。2016年に一世を風靡した「Pokémon GO」がまさにARです。

Google検索でも簡単にARを体験できます。スマホで「トラ」とGoogle検索すると、スマホで写した現実世界に、バーチャルのトラを重ね合わせられるのです。

AR業界は、メガネ型の「ARグラス」の開発に力を入れています。この業界は、仮想空間を便利にするのではなく、**現実世界をより便利に豊かにすることこそ価値がある**と考えているのです。

10年以上前から、業界を引っ張っているのは**Google**です。Google翻訳やGoogleマップといった便利な機能を、ARグラスをかけることで、スマホを使わずにハンズフリーで使えるようになる日も近そうです。

また、**MR**（ミックスド・リアリティ）という立場もあります。VR（仮想現実）もAR（拡張現実）も現実世界も、すべてを重ねようとするものです。

4 4つの業界が融合し、大きな経済圏ができる

今後、この4つの業界が、どんどん融合されていきます。

まずは「クリプト業界」と「3DCG業界」が融合して、NFTが使えるメタバースゲームの波が大きくなりそうです。

ここをけん引しそうなのが、3章でも解説した、世界的に有名なコレクティブNFT「BAYC」「CryptoPunks」の販売元であるYuga Labs社です。

メタバースはデジタル空間であり、デジタル資産であるNFTとの相性は抜群です。今後も、メタバースとNFTとの融合が加速すると、私も期待しています。

さらに「VR業界」と「AR業界」の融合も進み、本格的なメタバースの時代が到来するかもしれません。各社、VRゴーグルやARグラスの開発にしのぎを削っています。

2025年〜2027年ごろには、メガネのように気軽にかけられて、一日中つけていても疲れないようなデバイスも登場しそうです。こうなれば、誰もがいつでもどこでも仮想世界

に接続できるようになるので、現実世界と仮想世界を自由に行き来しているのが日常的になるかもしれません。

今からこの４つの業界の動きにぜひ注目しておきましょう。

02 メタバースでアルバイトして稼ぐ

1 お金をもらいながらメタバースに慣れる

メタバースで稼ぐにあたって一番簡単なのは、メタバースでアルバイトをすることです。各社、いろんなメタバースをオープンしています。そのオープンスタッフとして、案内係をしたり、お客さん役としてメタバースを賑わしたりという求人も出ています。

メタバースに慣れていたり、ＶＲゴーグルやパソコンを使えたりすると、それだけで選べる仕事の幅は広がります。スマホしか持っていないという人も安心してください。スマホで入れるメタバースの求人もあるので稼ぐことができます。

今はメタバースも始まったばかり。使ったことがある人もまだ多くありません。アルバイトをしながらメタバースに慣れていくこともできます。ぜひ、メタバースに慣れている人も慣れていない人も挑戦してみましょう。
メタバースでの仕事を探す方法は、大きく二つあります。それを紹介します。

2 求人サイトに登録する

実は、メタバースやリモートワークに特化した求人サイトはすでに誕生しています。そこに登録して、アルバイトを見つけるのが得策です。気軽に登録してみましょう。

三井物産グループの「Moon Creative Lab Inc.」が運営している「メタジョブ！」は、デジタルワーク専用のジョブマッチングシステムを提供しています。リモート接客やメタバース事業に取り組む企業と、場所・外見に縛られない仕事を探す人をつなぐ役割を担っています。

登録すると、「メタジョブ！」の担当者と面談があり、契約の仕方や仕事の内容などが説明されます。その説明に同意したら、契約を結びます。

そのあとは、働きたい仕事を見つけたら、「メタジョブ！」のサイトからエントリーします。メールで「お仕事をお願いします」「今回は見送りになりました」と連絡がくるので、

アバターでの接客風景（メタジョブ！のサイトより）

採用が決まったら仕事開始です。

「メタジョブ！」のいいところは、どの仕事もリモートワークであることです。通勤時間がなく、スキマ時間を活用して働くことができます。ただし、時期によっては求人が少ないこともあります。

（メタジョブ！ の公式サイト）
https://www.metajob.jp/

アバター接客で稼ごう

現在、さまざまなメタバースが続々と作られています。そのメタバース内で接客したり道案内をしたりするだけ、つまり会話ができるだけで今なら稼ぐことができます。

また、これはメタバース内ではありませんが、アバターやオンライン会議システムなどでリモート接客する仕事もあります。企業のウェブサイトやSNSに訪れたお客様に、アバターなどで対応するのです。この仕事も、スマホなどで会話するだけで稼げるのです。

アバターで販売、営業して稼ごう

メタバース内の企業のショップルームでは、壁などに商品・サービスの画像を貼り、そのまま購入サイトに行けるようになっていることが多いです。

そのショップにきてくれた人と雑談するだけでOKという仕事も多いです。

もちろん、今からメタバースでのセールスを身につけることができたら、貴重な人材になれます。どんどん挑戦してみましょう。

アバターで先生をして稼ごう

予備校、英会話教室、専門学校などで、メタバース内で教えられる教師の求人も増え始めました。教える知識やスキルを持っている方は、メタバース上で先生になることも考えてみましょう。

3 ネット検索でバイトを探す

「メタジョブ！」以外にも、多くの求人サイトでメタバースでの仕事を募集しています。Googleなどで「メタバース　アルバイト」「アバター　アルバイト」などと検索してみてください。たくさんの情報が出てくるので、気になったサイトを開いて、条件を見てみましょう。

ただし、転職の求人が交ざってきたり、オフィス勤務の求人も出てきたりしますので自分が求めている仕事を探すのに、ひと手間かかります。

メタバースでアルバイトするメリット

メタバースでのアルバイトには、たくさんのメリットがあります。

例えば、

(1) お金をもらいながらメタバースに慣れられる
(2) 通勤をしなくても自宅で仕事ができる（時間が節約でき、体力的にも楽
(3) 東京の最低賃金がもらえることが多い

などがあります。

特に(3)はメタバース（リモートワーク）ならではのメリットです。勤務地という概念がないので、地方在住の方は、自宅にいながら東京基準の時給で働けるのです。しかも、体力的にも楽です。

ぜひ早めにチャレンジしてみましょう。メタバース経験を早く積めば積むほど、貴重な人材になれます。

メタバースの求人を検索していると、正社員や契約社員の求人も多く出ていることに気がつきます。今、市場が拡大しているので、各社、求人に積極的です。気に入った会社や仕事が見つかったら、転職を検討するのもありかもしれません。ピンときた会社が見つかったら、ぜひ面接を受けてみましょう。

メタバース系の会社で働いたら、当然、メタバースに対する知見や経験・スキルが高まります。これからの時代を生き抜くための大きな武器になるかもしれません。

03 メタバースを利用してコンテンツで稼ぐ

1 メタバースには、ビジネス利用ができないところが多い

メタバースで稼ぐことを考えるにあたり、最初に「このメタバース空間でビジネスをしていいのか?」を確認することが必要です。

Fortniteは、YouTube以外のビジネス利用がほぼ禁止

例えば、151ページで紹介したオンラインゲームのFortnite。そこで撮影した動画をYouTubeでよく見かけます。それを見て「ビジネス利用していい」と考えるのは危険です。規約やポリシーをよく確かめる必要があります。

Fortniteの運営会社であるEpic Games(エピックゲームズ)社のファンコンテンツに関するポリシーにはこう書かれています。

「ほとんどの場合において、当社のゲーム、アートワーク、動画、音楽、キャラクター、ロゴ、およびその他の知的財産（「Epic IP」）を当社の許可なく使用することは違法であり、当社が保有する権利の侵害にあたります」

では、YouTubeにアップしている人は規約違反なのかというとそうではなく、例外扱いなのです。ポリシーには次のように書かれています。

「ファンコンテンツには営利的（つまり、金銭的）な目的があってはなりません。この規則の例外として、個々のファンは、本ポリシーのその他の要件を満たしていればウェブ動画（YouTubeなど）の広告収益を得ることができます」

つまり、他のビジネスをメタバース内で勝手に行うことは規約違反となります。例えば、勝手にFortnite上で有料イベントなどをすることはできません。

clusterも、個人のビジネス利用は禁止

日本で最大級のメタバースであるclusterは、利用規約の「第13条 禁止行為」に「当社の許諾を得ていない本サービスに関連する営利活動」とあります。

法人は問い合わせをしてお金を払えばビジネス利用ができますが、個人については問い合わせ窓口がありません。つまり、個人はビジネス利用が禁止ということです。

メタバースで稼ぐことを考えるときは、規約やポリシーを確認するクセをつけることが大切です。

2 ビジネスで利用できる、オススメのメタバースはこの二つ！

メタバースで稼ぐことを考えるなら、個人でも無料でビジネス利用ができるメタバースを使う必要があります。特に使いやすいメタバースを二つ紹介します。

スマホで気軽にやるならDOOR

NTTグループの子会社が運営しているDOOR（ドア）は、無料でビジネス利用ができ

ます。法人も個人も事前の申請が必要ですが、ビジネス利用を奨励してくれているのです。これはありがたいことです。

ＤＯＯＲのＨＰには、どういうビジネス利用ができるか、事例も豊富に載っています。ビジネスイベント、学校・教育、地域活性化支援、自社キャラクターイベント、大規模イベント、バーチャルショップ、有料イベント、ライブ配信などです。ぜひ参考にして、どう活用できるか考えてみましょう。

やることが決まったら、自分のルームを作ってみましょう。テンプレートもたくさん準備されているので、３Ｄ空間の制作のスキルがなくても、簡単にステキなルームを作ることができます。

また、ＤＯＯＲはスマホでもサクサク動くので、スマホしか持っていない人でも参加しやすいメタバースです。

ビジネスとして最初に取り組みやすいのは、**自分のルームを作り、そこで無料イベントを開催すること**です。メタバースイベントという目新しさで人も集まりやすいですし、**無料イベントを開くだけでも「最先端の取り組みをしている」というブランディングができます。**

例えば、自分の仕事を活かして、無料のビジネスセミナーやコンサルティングの体験会などを開催してみるのもいいでしょう。自分の趣味を活かして、英語や音楽のスキルを教えるのもオススメです。

アバターで3D空間を自由に動き回ったり、声やテキストでコミュニケーションをとることができますし、同じ時間に同じ場を共有できるのでライブ感があり、オンライン会議などとは一味違う体験を参加者に提供することができます。また、その無料イベントで、有料イベントや商品・サービスのセールスもしやすくなります。

さらに、ルームの壁などには写真が貼れるので、ワンクリックで外部の販売ページに誘ったり、NFTの展示場などとして使い、そのまま購入してもらうこともできます。ルームに動画を設置すればルームにきた人がいつでも視聴できるので、自分が不在のときも、自分の商品・サービスを宣伝することもできるのです。

（DOORの公式サイト）
https://door.nft

DOORを上手に活用している事例を一つ紹介します。

日本初の音楽NFT情報番組である「NFT MUSIC FM」は、毎月の第3水曜日の17時~17時50分に、渋谷の「Shibuya Cross-FM」から番組を配信しています。毎回、ミュージシャンをゲストに呼び、番組コラボとして、音楽NFTを限定販売しています。その他にも、イラストNFTやフォトNFTなどのコラボ実績があります。オンエア8日前にはTwitterのスペース機能を利用して、スピンオフFMを開催して、NFTの導入部分の前振りをしたり、ファンミーティングも兼ねて質疑応答などを行ったりしています。

DOOR内にもスタジオを再現して、先端的なブランディングを作っています。

（NFT MUSIC FMの公式サイト）
https://door.ntt/zcUYxCE/nft-music-fm

パソコンやVRゴーグルでやるなら「Spatial」

パソコンやVRゴーグルなどを使って、ハイクオリティなメタバース空間でビジネスをしたい人には「Spatial（スペイシャル）」がオススメです。Spatialはユーザーのビジネス利用を奨励しています。有料プランもありますが、無料プランでも多くの機能が使えます。

Spatialはアメリカの会社で、サイトは英語になりますが、英語が苦手な方もGoogle翻訳

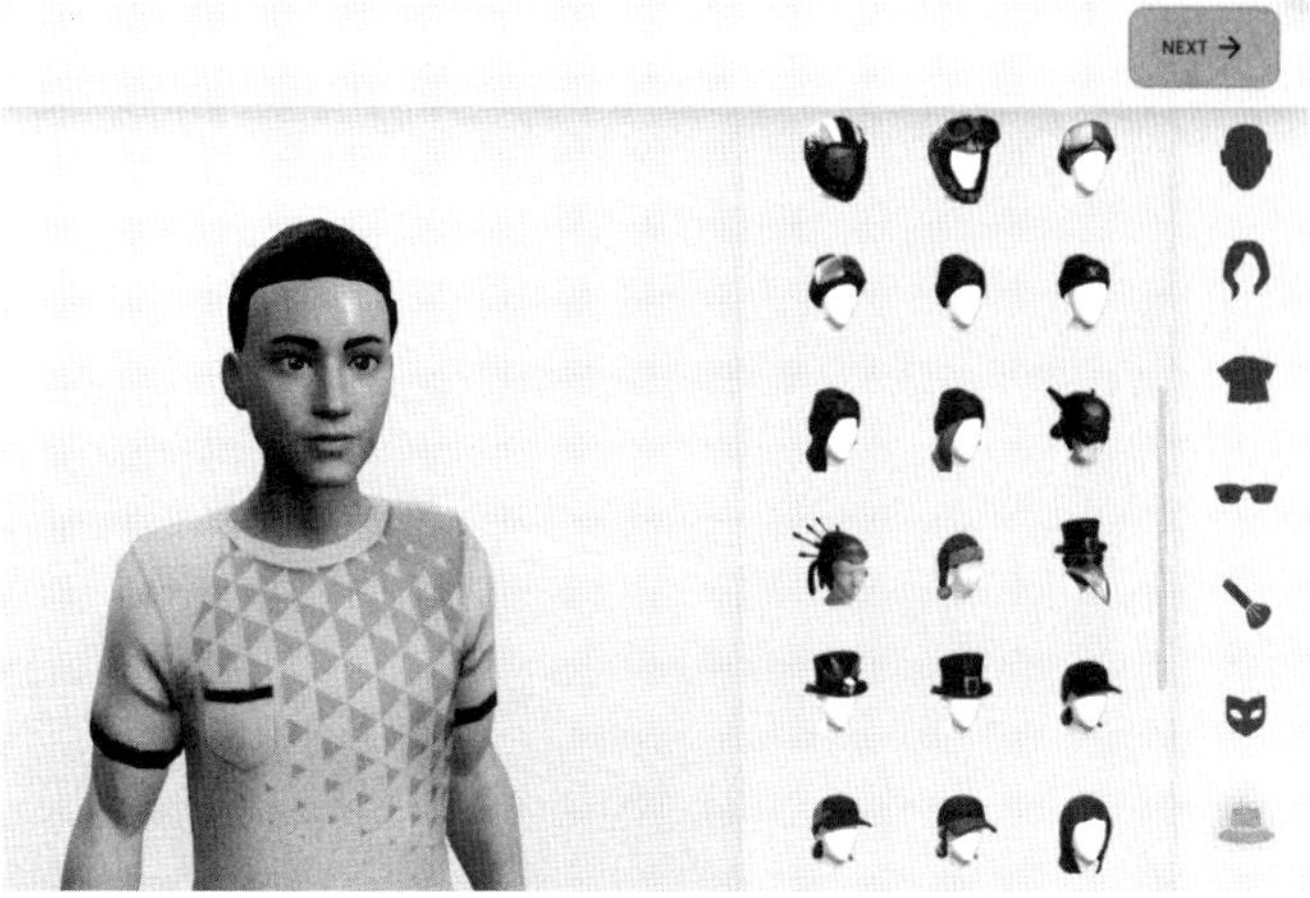

Ready Player Meで制作した著者のアバター

（35ページ参照）などを使えば問題なく読み書きできます。

Spatialは、自分に似たアバター作りが簡単なのも魅力の一つです。自分の写真を取り込んでリアルな顔にすることができますし、Ready Player Me（レディプレイヤーミー）というアバター制作アプリと連携しているので、自分と似たキャラクターのアバターも簡単に作ることができます。

　個人的には、ビジネスに利用したい方は、自分に似せたアバターにすることをオススメしています。SNSが発達している今、自分の顔がバレることも多いので、アバターとギャップがありすぎると、素顔がわかったときに引かれる可能性が高いからです。

また、Spatialは空間が美しいので、ＮＦＴ作品の個展を開くのに最高の場所です。自分のルームを作って、ＮＦＴを飾ってみましょう。ＮＦＴの販売ページにリンクも張ることができるので、気に入ってもらったら、そのまま販売ページに行ってもらえます。

（Spatialの公式サイト）

https://www.spatial.io

例えば、１０１ページで紹介したドローンアーティストのとまこさんは、Spatial内にＮＦＴアート展のルーム「世界の海でドローンアート展」を作っていて、作品には販売ページのリンクが張られています。また、定期的にイベントもやって、ＮＦＴ作品を販売しています。

さらにアバターで作品解説をした動画も撮影して、YouTubeにアップしています。この動画をルームに設置することで、自分がルームで説明しなくても売れていく仕組みを作っているのです。

とまこさんの「世界の海でドローンアート展」のルーム

（とまこさんの「世界の海でドローンアート展」のルーム）
https://www.spatial.io/s/Shi-Jie-noHai-dedoronatoZhan-bytomakodoron-632b09e3b44c39000184b1d9?share=177517668099257741

04 メタバースで使えるアイテムを作って稼ぐ

メタバースでの稼ぎ方は他にもあります。ここまで解説したようなメタバースの稼ぎ方をしてみたいけど、そもそも「アバターが作れない」「メタバースにうまく入れない」「ステキなルームが作れない」と悩む人が多いからです。

その悩みを解決してあげたら、簡単に稼ぐことができます。

「アバター」作りで稼ごう

メタバースで使うアバターが欲しいけど、自分では作れないという人はたくさんいます。そこで、ステキなアバターを作って売るという仕事が生まれるのです。代わりに作ってあげたら、とても喜ばれて稼ぐこともできます。

アバターの提供には3パターンあります。

それは、「作り方を教える」「代わりに作ってあげる」「マーケットで販売する」です。

メタバースで使えるアバターを作れるサイトは、167ページでReady Player Meを紹介しましたが、他にもあります。例えば、VRoid Hub（ブロイドハブ）では、日本で最大級のメタバースであるclusterに対応したアバターが簡単に作れます。

（VRoid Hubの公式サイト）
https://hub.vroid.com/

「ルーム」作りで稼ごう

メタバースで使うステキなルームが欲しいけど、自分では作れないという人もたくさんいます。

メタバースでビジネスをしたい講師業などの人は、話すことはできるけどルームを作るのは苦手だったり面倒だったりする人も多いです。ここに大きなビジネスチャンスがあります。

オリジナルで作るには専門的な知識がいりますが、テンプレートを使えば問題ありません。

DOORやSpatialで自分のルームを作りながらノウハウをためていけば、代行制作で稼ぐこともできます。

メタバース空間のルーム作成という新しい仕事はまだ始まったばかりです。コツコツ作るのが好きな人は、まずは自分のルームをこだわって作ってみましょう。それが宣伝塔になるのです。

第5章

「DAO」的コミュニティを作って意識の高い人を集めよう

01 稼ぐために、DAOを理解しよう

1 DAOって何？

2022年以降、「DAO」に注目する人が増えてきました。稼ぎ方はもちろん、働き方や組織のあり方を変えるかもしれないDAOについて、この章では解説します。

DAO（Decentralized Autonomous Organization）とはいったい何なのでしょうか？

実はDAOも、専門用語のような雰囲気がありつつ、定義がはっきりしない「バズワード」です。人によって解釈や説明が違います。

どう翻訳するかも定まっていなくて、いろいろな日本語訳が当てられます。例えば次ページの表のようなものです。

英語	直訳	よく当てられる日本語
Decentralized	中央集権ではない	分散型、非中央集権型
Autonomous	自分で動く	自律、自立、自動
Organization	人の集まり	組織

一番多い翻訳は「分散型自律組織」です。これは、中央集権的に誰かが管理するのではなく、参加者の多数決と自発的な行動で物事を進めていく組織ということです。

ちなみに、私のDAOの定義はこうです。

(1)創設者や管理者に権限が集中していない
(2)集まったメンバー全員に権限が分散されている
(3)メンバーがそれぞれ自分で動く、人の集まり

そして、このような人の集まりを動かす要素として、以下が必要になると考えています。

(4)人を動かすビジョン
(5)明確なルール(どんな貢献をすると、何がどう配分されるのかなど)

(6)ブロックチェーンを活用して、意思決定と実行が自動的にされる

(6)が少し難しいので、解説します。一般的に、DAOではブロックチェーン上の「ガバナンストークン」と「スマートコントラクト」によって、意思決定と実行が自動で行われます。

ガバナンストークンは「ガバナンス（統治・管理）」するための「トークン（あかし）」のことで、選挙の投票用紙のようなものです。DAOは一般的には、ガバナンストークンを持っている人の多数決によって、いろいろな決定をします。

スマートコントラクトというのは「スマート（コンピューターによって自動制御された）」な「コントラクト（契約）」のことです（ここでのスマートは「やせている」という意味ではないので注意）。あらかじめ決めたルールに従って「こう決まったら、こうする」と自動的に処理することで、中央に管理者がいなくてもDAOが動かせるのです。

この(1)〜(6)を全部備えたら、完ぺきなDAOです。

ただ、この6つを全部備えるのは法律の問題などもあり、現状はほぼ不可能です（191ページ参照）。だから、この定義は「理想形」だと思ってください。

今、DAO的なコミュニティに集まっているのは「自分から動きたい人」や「人に自分から動いてほしいと考えている経営者や投資家」「最新の組織のあり方ややり方に関心がある人」たちです。感度がとても高い人たちが集まって、どうしたら自分たちが思い描くDAOを作れるのか、と試行錯誤している真っ最中なのです。

私は、今後、株式会社の「次の組織」になりうることを期待して、いろいろと実験をしています。DAOは働き方や稼ぎ方を変える可能性があると考えているのです。

2 管理者がいない組織はあり得る？

権限が分散されていれば、DAOにトップや運営者がいても構いません。

ただし、集まったメンバー全員に権限を分散して、メンバーがそれぞれ自分で動けるような組織にすることが運営に期待されます。そうでないと「単なる中央集権的な組織にすぎないからDAOではない」と批判されます。

実際に「DAO」と名乗っているけど、トップや管理者による中央集権になっていて「まったくDAOじゃない！」と批判されているところもあります。

話は変わりますが、実は、仮想通貨のビットコインもDAOと言われているのです。

ビットコインの創設者と言われる「サトシ　ナカモト」は実在するかも不明で、ビットコインの管理者もいません。

ビットコインは、仮想通貨の取引をチェックする複雑な計算に成功した人などが、報酬としてビットコインをもらえるという仕組みだけで自動で動き続けているのです。

3 「DAO」という言葉はいつ誕生したのか？

DAOを理解するためには、ブロックチェーンと仮想通貨の歴史を理解する必要があります。

ビットコインの誕生

まず、最初に誕生した仮想通貨が「ビットコイン」です。国が管理する法定通貨ではなく、多くの人によって分散管理された「通貨」のようなものです。ビットコインの取引がブロックチェーンに記録されます。

イーサリアムの誕生

このブロックチェーン技術に可能性を感じて、通貨だけに使うのではなく、他にも使えるようにしようという試みが「イーサリアム」です。

ヴィタリック・ブテリンが2013年（19歳）にこの構想を発表し、賛同者が増えて、新たなブロックチェーンの開発が始まりました。

（「イーサリアム」という表現は、正確にはイーサリアムのブロックチェーンのことを指します。イーサリアム上でやり取りされる仮想通貨はイーサと言います）

イーサリアムの一番の特徴は、「スマートコントラクト」の仕組みを最初に持ったことです。スマートコントラクトは「スマート（コンピューターによって自動制御された）」な「コントラクト（契約）」のことでした。

例えば、52ページで紹介したDeFi（分散型の金融）もスマートコントラクトで取引がされています。

これまでの金融のシステムでは、銀行や証券会社といった中央の管理者や仲介業者が必要でした。でも、DeFiはスマートコントラクトを利用して自動で取引をするので、中央の管理者や仲介業者がいらなくなるのです。それらによって、時間の短縮や手数料などのコストの削減ができて、誰もが中央管理者を介さずに直接アクセスして取引に参加することができる

■スマートコントラクトとは

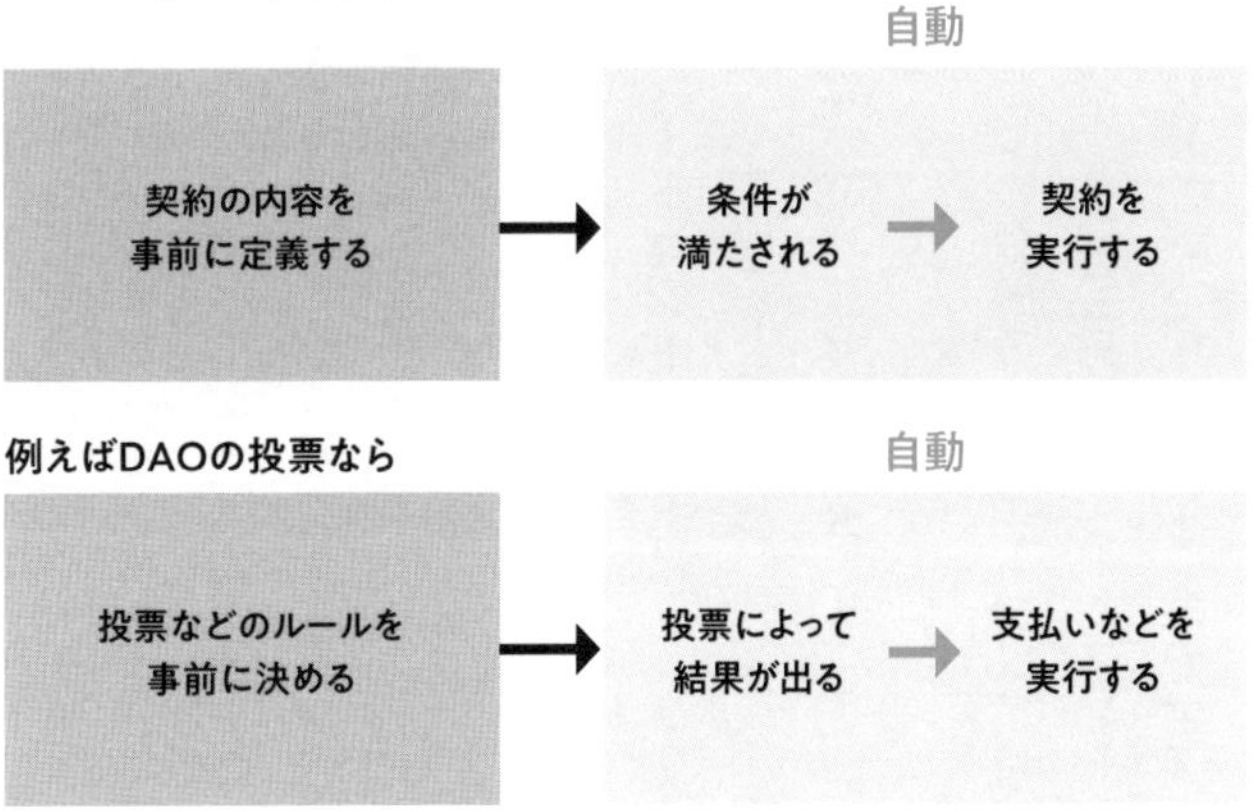

ようになりました。

この仕組みが作られたことで、通貨以外のさまざまなものも契約によって自動的に交換できるようになったのです。プログラムによって、契約の自動化がされているので、いろいろなサービスが安心で・速く・低コストに開発できるようになりました。

そして、NFTやDeFi、2章で紹介したDEX、DAppsなどが生まれたのです。

「DAO」の誕生

2015年、イーサリアムの開発者コミュニティでビットコインが「管理者不在で自動的に動き続けている」ことに感化されて生まれたのが、DAOという言葉だと言われています。元々、専門用語として作られたわけではないので、明確な定義もありませんでした。ですから今でも、人によって解釈が異なるのです。

DAOの考えを、最初に具体化したプロジェクトが投資型の「The DAO」です。従来のファンド（投資）のサービスは、中央管理者（企業やファンドマネージャー）が投資先を決定します。でも、この「The DAO」は、出資した投資家の投票によって何に投資するかを決定します。

投票で決まった投資の内容（契約）は、スマートコントラクトによって、管理者がいなくても自動で実行できるのです。

この画期的なサービスは、数十日で150億円相当のイーサを集めましたが、なんと50億円相当のイーサが盗まれてしまいました。この事件とともに「DAO」という言葉は有名になったのです。

残念ながら、最初に悪いイメージがついてしまいました。

4 なぜ今また、注目が集まっているのか？

ＤＡＯという言葉は、２０２２年の初めあたりからまたよく聞くようになりました。

２０２１年にＮＦＴ、メタバース、Web3という言葉が流行する中で「これからの時代の組織や働き方といったらＤＡＯしかない」と、多くの人が注目し、検討が始まったのです。

メタバースだけでも１００兆円規模の市場が作られると予測されていて、Web3全体で考えると１０００兆円規模という人もいます。その新しく生まれる経済圏に対して、これからの時代の働き方や支援者の集め方の一つがＤＡＯだと認識されてきたのです。さらにWeb3とは関係ない企業や組織にもＤＡＯは広がる可能性があります。

しかし、ＤＡＯにこれからの働き方や支援者の集め方を変えるような大きな力が本当にあるのかについては、意見が分かれています。

クリプト業界（暗号通貨・ブロックチェーン系）には、「これから大変革が起こる」「これは革命だ」と期待している人が多いと思います。一方で、「ＤＡＯによって人が自動で動く組織なんて幻想だ」「ただの掛け声で終わる」と、冷めている人が多いのが、長らくWebに関わっているＩＴ業界だと感じます。

個人的には、その「中間」に正解があると考えています。過剰に期待しすぎてもいけませんが、可能性を諦めてもいけないと思います。可能性はあるし、そんな働き方を世の中に増やしたい、そう願って私は活動しています。

5 ビットコインすら理想のDAOではないかも

実は「ビットコインも中央集権的になっていて、DAOではない」という批判もあります。

その理由は、ビットコインを持っている上位2％のアドレスだけで、ビットコイン供給量の95％を所有しているとも言われているからです。

ビットコインは、持っている通貨の数量に応じて投票権があります。この状態で多数決をすると、この上位2％の人たちの意見が通ることになります。これが果たして「分散型」と言えるのか、と批判されているのです。

イーサリアムが誕生したとき、内部の関係者のイーサ保有率は15％しかありませんでした。しかし、最近のWeb3プロジェクトは、内部関係者の保有率が30％～40％にアップしているというデータもあります。これらのデータから「DAOという考えは理想論で、組織は最終的に中央集権になってしまう」という意見もあります。

私のDAOの定義に当てはめて評価すると、ビットコインはこうなります。

◎(1)創設者や管理者に権限が集中していない
△(2)集まったメンバー全員に権限が分散されている
◎(3)メンバーがそれぞれ自分で動く、人の集まり
◎(4)人を動かすビジョン
◎(5)明確なルール（どんな貢献をすると、何がどう配分されるかなど）
◎(6)ブロックチェーンを活用して、意思決定と実行が自動的にされる

この観点で今あるDAO的なコミュニティを分析してみましょう。「どこが理想と違うのか」がわかります。そしてDAOを作りたい人は、この(1)〜(6)のどれにこだわりたいのか、どれは大してこだわらないのかを考える参考にしてください。

6 世の中にはどんなDAOがある？

2022年からDAOと名乗るコミュニティが増えています。その多くがアメリカです。2022年の6月時点で4000〜6000のDAOができていると言われています。

活動も多様で「メディア制作」「同じ趣味の人の交流」「プロジェクト立ち上げのための資金調達」「共同での投資」「専門家によるサービス提供」「教育の提供」「プロダクト開発」「特定の行動や寄付」などがあります。

私が注目している海外のDAOを二つ紹介します。

Nouns DAO（ナウンズダオ）

NounsDAOは、1日に一つだけキャラクターをモチーフにしたNFTを自動的に作り、自動でオークションにかけて販売しています。そして、このNFTを持っている人だけがコミュニティに参加して意思決定の投票ができるのです。このユニークな仕組みと生み出されるNFT作品の人気の高さで、多くの人が注目しています。

Braintrust（ブレイントラスト）

私が注目し、運営がうまくいっているもう一つのDAOは、フリーランスに企業の仕事を紹介するサービスを行っているBraintrustです。日本でいうと「ランサーズ」「クラウドワークス」などに近いサービスを提供していますが、中央で仲介する企業がいないのです。コミュニティのルールは、関わるフリーランス、企業、紹介者などの投票で決めるのです。

さらに、私が注目している日本のDAOもいくつか紹介します。

Ninja DAO（ニンジャダオ）

日本最大級のDAOで、カリスマ的なブロガーだったイケハヤさんとイラストレーターのRii2さんの2人が立ち上げて、運営しています。

誰もが自由に商用利用できるキャラクター「CryptoNinja（クリプトニンジャ）」の公式コミュニティです。CryptoNinjaを盛り上げるためのさまざまな活動が行われ、その二次創作プロジェクトの保有者とファンが集まるコミュニティになっています。NFT、マンガ、ゲーム、アニメ、グッズ、音楽、舞台など、さまざまな形でキャラクターが活用されています。

CHIMNEY TOWN DAO（チムニータウンダオ）

キングコング西野亮廣さんが作ったDAOです。西野さん主催のDAOについてのオンライン勉強会で「実際にDAOに触ってみたら、さらに理解が深まるよね」ということから生まれました。

西野さんは日本最大級のオンラインサロンも運営していますので、オンラインサロンとDAOではそれぞれ何ができて、何がしにくいのかを実験する場にもなっています。

初心者向け勉強会からスタートした流れもあり、「初心者の人が、どこよりも安心して入ることができるDAOになる」ための活動が行われています。

國光DAO

著書の『メタバースとWeb3』（エムディエヌコーポレーション）がベストセラーになっている、國光宏尚さんが作ったDAOです。國光さんは、あとで紹介するFiNANCiE（フィナンシェ）の創業者でもあります。

國光さんの「Web3、メタバース領域で日本発、世界で活躍するユニコーンを増やす」というビジョンに共感した人たちが集まり、その実現に向けて活動しています。

（※ユニコーンとは、評価額が10億ドル以上の未上場のスタートアップ企業）

MZDAO（エムズィーダオ）コミュニティ

企業経営者の前澤友作（MZ）さんが作った「DAOのような会社を作ること」を目指しているオンラインコミュニティです。100万人のメンバーを集めて、今までにはない新しいタイプの会社を立ち上げ、スケールの大きな事業を仕掛けていくことを目指しています。今は月々500円のオンラインサロンのような形をとっていますが、2023年3月現在、20万人以上が集まっています。

このように、多くの人が集まっていて影響力や認知度があるDAOは、創設者が有名であることが多いです。そして「DAO」と名乗ると、最先端であるというブランディングができるので、感度が高い人が集まりやすくなります。

しかし創設者の色が強いと、DAOの定義である「⑴創設者や管理者に権限が集中していない」のところに疑問を持たれることが多いようです。

創設者がビジョンやルールを作って自分の影響力で人を集めることも大切です。しかし、そうしながらも少しずつ影響力を下げて、なおかつ参加者が自動的に動けるようにしていくという高度なマネジメントが求められます。

column

DAOと仮想通貨の詐欺に気をつけよう

DAOには大きな可能性がありますが、詐欺も多発しています。知っておくことで被害を防ぐことができるので解説します。

DAO関連の詐欺で一番多いのが、資金の持ち逃げです。詐欺師が「DAOとして素晴らしいプロジェクトを立ち上げる」と発表します。そしてトークンを発行して資金を集めますが、何もプロジェクトをしないでお金を持ち逃げするのです。また、スタート時は詐欺でなくても、途中でプロジェクトがとん挫することもあります。この場合は、最初から詐欺だったのか、単にプロジェクトが失敗したのかの区別は難しいです。出資をするときは、ビジョンが魅力的かだけでなく、実行力があるのかを見極める力も必要になります。

他にも、悪意のある人を排除できないというリスクもあります。多くのDAOではコミュニケーションツールとして、Discord（72ページ参照）を活用していますが、そのDMなどで、フィッシング詐欺などを仕掛ける人がいるのです。同じDAOメンバーというだけで、安易に信頼しないように注意しましょう。

02 DAOを作ろうとするときに直面する課題をつかむ

DAOを自分で作りたいと考える人のために、実際に運営する中で何が課題になるのかをここでは解説します。

そもそも日本では、DAOについて定めた法律がありません。だから、DAO自体には株式会社のような法人格が認められません。また、参加メンバーのコミュニティの中での責任のありかも不明確です。それによっていろいろな課題が生まれます。

例えば、以下のような課題です。

・DAOとして契約ができない
・責任のありかがはっきりしない
・個人情報やセンシティブ情報の取り扱い、守秘義務を守る体制を作るのが難しい

・トークン発行に規制が多い
・資産や税金を管理しにくい

DAOとして契約ができない

私もスタートメンバーとして活動しているDaoDao.Tokyoの例で説明すると、DaoDao.Tokyoにコンサルティング依頼がありました。

このとき、DaoDao.Tokyoに法人格がないので、先方と契約を結ぶことができません。ですから、メンバーの一人が契約せざるを得ません。しかし、そうしてしまうと権利義務の契約の主体がその一人だけになってしまい、DAO自身や他のメンバーは契約に拘束されない（責任を負わない）ことになります。

結局、他のメンバーは、代表メンバーと守秘義務契約や業務委託契約を結びました。メンバーが少なければこのような対応もできますが、増えてくると大変です。

今回のケースは仕事を受けるときの例ですが、仕事を発注するときも同じ課題が発生するのです。

責任のありかがはっきりしない

参加メンバーのDAOの中での責任のありかが不明確だと、どんな問題が起こりえるでしょうか？

例えば、DAO自体が違法なことをしてしまったとき、メンバーで最もトークンなどの持ち分がある個人が責任を問われることもあれば、DAOの仕組みを提供するウェブサーバーを運営する企業などが責任を問われることもあります。実質的な管理者・運営者がいると判断される可能性があるのです。

だから「分散型」を目指しても、現状の法律などでは、中央集権型と判断されてしまいます。特に日本では、DAOを立ち上げた個人が無限責任を負ってしまうこともあります。例えば自分が100万円しか出資していなくても、損害額が1億円であれば、1億円を支払う義務を負う可能性もあるのです。出資額までしか責任がない有限責任の株式会社よりもリスクが高いと言えます。DAOを作ることを検討している人は、このリスクを知っておく必要があります。

個人情報やセンシティブ情報の取り扱い、守秘義務を守る体制を作るのが難しい

DAOは基本的に、自発的な個人の集まりです。管理者や運営者がいなかったり、そこに権限がなかったりする中で、活動中に取得する個人情報やセンシティブ情報をどう保護する

かという問題も出てきます。第三者と契約した場合、第三者から得た情報を守秘する義務も発生します。

トークン発行に規制が多い

DAOでのトークン（暗号資産）の発行にも課題が多くあります。

コミュニティとして利益が出たときに、利益を受け取る権利をトークンに持たせることがよく行われます。つまり、トークンの持ち分に応じて、利益を受け取るわけです。しかし、それをやってしまうと、トークンが株などと同じ有価証券の扱いになってしまい、金融商品取引法の規制を受けるので、金融商品取引業者の届け出や審査が必要になることが多いのです。

これを行わずにトークンを発行したり販売したり流通させたりした場合、法律違反を問われる可能性があるので注意してください。

また、DAOの中でお金のように交換したり、お金の代わりにサービスと交換したりできるようなトークンを発行することもときどき検討されますが、この場合トークンが「仮想通貨（暗号資産）」という扱いになってしまうことがあります。そうすると、暗号資産交換業の取得が必要になるのですが、一般の個人や法人が簡単に取れるようなものではありませんので、実行はほぼ不可能です。

資産や税金を管理しにくい

DAOに蓄積されていく資産や、活動の中で利益が出たときに、税務上どのように判断するのかも課題になります。

DAOの資産や利益は、そのコミュニティにあるのがシンプルです。でも今は法人格を持てないので、メンバーそれぞれに紐づけるしかありません。これもメンバーが増えてくると大変です。

ほとんどのDAOでは、メンバー間で正確に契約書などをかわしているところはありません。そもそも、匿名で参加している人も多い中、契約という方法がDAOという組織と合っていないところもあります。今の活動が、将来的に違法になってしまうリスクはかなり高いと感じます。

また、納税もそれぞれがやることになります。同じ利益でも、その人の他の稼ぎによって納める税金が変わってしまいます。これも不自然な話です。

また、メンバーが国を超えてグローバルに活動しているDAOは、他の国の法律や税務も意識する必要が出てきます。

仮想通貨のときもそうでしたが、法律がないから自由にやっていいわけではありません。法律ができあがったあとに、さかのぼって適用されることも多いのです。今あげた課題は、現状のDAOが将来直面する課題になります。

このように、DAOを作るときは、いろいろと考えるべきことが多いのが現状です。本格的にDAOを作るときは、これらに詳しい弁護士に相談することは必須です。また、参加するときも、DAOにこのような課題があることを正しく認識しておくことが大切です。

現行の法律に沿ってDAO的コミュニティの法人を作りたい方は、デジタル庁の「Web3.0研究会報告書」（2022年12月）を確認してください。合同会社や社団など、何で作るとどんな課題が出てくるかが整理されていて、参考になります。

（Web3.0研究会報告書）

https://www.digital.go.jp/councils/web3/#report

03 自分らしい「DAO的コミュニティ」を創ろう

このように、法律が定まっていない現在、DAOを運営しようとすると多くの課題に直面してしまいます。私が定義した(1)〜(6)のすべてを満たす理想的なDAOを実現するのは、日本だけでなく世界の法律に従っても、今のところほぼ不可能です。

そこで法律を守って現実的にDAOを運営するには(1)〜(6)の中から、やることを絞ることになります。そして、各省庁の法律の検討のされ方を追いながら、数年後にできる法律を待って、正式なものにするのがいいでしょう。

ですから、将来のDAO化を目指して、「そのうちDAO」「疑似DAO」「DAO2・5」などと区別して表現している人もいます。私も区別することに賛成です。本書では「DAO的コミュニティ」と呼んでいます。

逆に区別していない人は、DAOを実施しようとするときに出てくる課題を認識していない可能性が高いので、参加するときには気をつけましょう。

まずは「DAO」と銘打ったコミュニティを作るところから始めてみましょう。それだけで、感度が高くて行動力のある人が集まりやすくなります。そのメンバー間で、さまざまなコミュニケーションが生まれ、お互いのビジネスがコミュニティとは関係なく生まれることも多いのです。作るのをためらう人は、どこかのDAOに参加してみましょう。「分散」「メンバー間の対等性」を意識しているところは、フラットで気持ちいいコミュニケーションをしているところが多くあります。

現状、DAOのメンバーによるビジネスコラボが、一番稼ぎやすいと感じています。

オススメのプラットフォーム①：FiNANCiE

187ページでも紹介した國光宏尚さんが作ったFiNANCiEというプラットフォームがあります。

FiNANCiEのウェブサイトのトップには「ブロックチェーンを活用したトークン発行型クラウドファンディング」とあります。クラウドファンディング（クラファン）は「クラウド（群衆・大衆）」と「ファンディング（資金を集めること）」を組み合わせた造語です。インターネットを使って、多くの支援者から少しずつお金を集めることです。

一般的なクラファンは、お金を受け取り、商品やサービスなどのお礼をリターンすることが多いです。しかし、FiNANCiEでは、運営者（オーナー）が支援者（サポーター）からお金を受け取り、応援のあかしとしてのコミュニティトークンを発行します。

FiNANCiEなら、トークンを発行してお金や支援者を集めることができます。DAOと名乗って支援者を集めることもできます。ファウンダーの國光宏尚さんも「國光DAO」を作っています。

DAOと名乗るときは、「DAOの定義」6つを意識して運営する必要があります。特に、メンバーに権限を分散して、メンバーの投票による多数決で決まったことを尊重することが大切です。

FiNANCiEでDAO的コミュニティを運営する場合、ブロックチェーンを使ったトークンは発行しますが、利益を受け取る権利はトークン保有者にはなく運営者にあります。だから合法にDAOを運営することができるのです（トークン保有者に利益を還元すると、有価証券の扱いになる可能性があるので注意しましょう）。またFiNANCiEは利用規約で、コミュニティトークンを支払いの手段に使うのを禁止していることなどから、FiNANCiEのコミュニティトークンは仮想通貨（暗号資産）に当たりません。だから、運営者は暗号資産交換業を取らなくてもコミュニティトークンが発行できます。

FiNANCiEでコミュニティ運営者になるには審査が必要です。２０２３年は「エンタメ系に力を入れる」と公式に発表されているので、支援者を集めて何かおもしろいことをやりたい人はぜひエントリーしてみましょう。

FiNANCiEの各コミュニティのトークンはいつでも買うことができます。応援したいコミュニティを見つけて、トークンを買ってみることもオススメです。そのコミュニティを応援して人気が高まると、トークンの価値も高まります。コメントなどをすると、ファンサービスの一環でトークンがもらえるところもあります。そのトークンはいつでも日本円に換金できます。参加メンバーと一緒に成長し、成功できる可能性があるのがＤＡＯ的コミュニティなのです。

（FiNANCiEの公式サイト）
https://financie.jp/

Pay4ward Inc.（ペイフォワードインク）代表の秋山さんはWeb3領域を視野に入れた音楽レーベル「ALL-UP Diva（オールアップディーバ）」を立ち上げました。

ミュージシャンやクリエイターの新しい表現方法・プロモーション・マネタイズの期待を込めて、所属アーティストのＮＦＴを戦略的に企画されています。

また、ALL-UP DivaではFiNANCiEを利用して、コミュニティを運営しています。初回のトークンファンディングでは１２３万円の支援に成功し、１４０人以上のコミュニティメンバーを集めています。

（ALL-UP Divaの公式サイト）
https://allup-diva.com

オススメのプラットフォーム②：ＨＥＸＡ

ＮＦＴを販売するオススメのマーケットプレイスとしても紹介したＨＥＸＡ。ＨＥＸＡは、ＮＦＴを販売して、ＮＦＴを買ってくれた保有者だけが参加できるオンラインコミュニティを作る機能も実装しています。そのコミュニティの中で、ＮＦＴの保有数に応じた多数決をとることもできます。

ＨＥＸＡは最低限の審査のみで誰でもＮＦＴを発行できるので、ＤＡＯ的なコミュニティを誰でもすぐに作れるのです（ＨＥＸＡはその機能を「疑似ＤＡＯ」と表記しています）。

ＨＥＸＡの仕組みを使うと、ブロックチェーンを使ったＮＦＴを発行し、コミュニティメンバーの多数決で意思の確認をするという、ＤＡＯ的なことができます。ただし、利益を受け取る権利は運営者が持っているので、実態はＮＦＴ発行者主導の運営にはなります。

とはいえ、そのおかげで責任のありかが明確になるので、１９１ページであげたＤＡＯを作ろうとしたときに直面する課題が解決できるのです。

参加者はそのプロジェクトを応援して価値を上げることで、ＮＦＴの価格の値上がりも期待できます。共に成長して成功するという志を持った、これからの時代のコミュニティを目指すことができるのです。

私もＮＦＴを発行し、ＮＦＴ保有者だけが参加できるオンラインコミュニティをＨＥＸＡで作っています。

FiNANCiEもＨＥＸＡも、現状の法律の範囲内でできるところで、先端的な取り組みにチャレンジしたい人にオススメのプラットフォームです。

FiNANCiEは審査がありますが、HEXAは最低限の審査しかないので、誰でもNFTを発行できます。DAO的コミュニティを誰でも始められるのです。

04 DAOらしいプロジェクトを作ろう

DAO的コミュニティも、単に作るだけでは人は集まりません。まだ正式なDAOではないとしても、「DAOにすることを目指す」と公言し、その理想を一緒に実現してくれる仲間・ファンを集めるようにしましょう。そうすると、人も集まり、高いエネルギーでプロジェクトが動いていきます。

また、今はまだDAOではなく「DAO的コミュニティ」であることを明言したほうが、無駄な誤解や批判を受けずに済むというのが実感しているところです。

コミュニティを作るときのコツを3つ紹介します。

コツ① ビジョン・価値観・理念を明確に打ち出す

一番大切なのは「何を実現したいのか」という明確なビジョンです。これが魅力的だと、多くの人が共感・賛同して、集まってくれます。

また、ビジョンだけでなく、「何を大事にするのか」という価値観や理念も明文化しておくことをオススメします。活動の中で、運営者も参加者もブレにくくなります。

コツ② どんな貢献をしたらどんな報酬がもらえるかのルールを数字で明確にする

ブロックチェーンのスマートコントラクトを最初から実装しないとしても、ルールの明確化はとても大切です。これがあいまいだと、不満がたまりやすくなります。また、ルールが明確でないと、ブロックチェーンのスマートコントラクトを使ってのトークン発行なども不可能です。将来を見越したルールの設計がとても大切です。

コツ③ 定期的なコミュニケーションで、居心地のよさを作る

DAOは大きく括るとコミュニティです。定期的なコミュニケーションを取っていかないと、参加者の気持ちも離れていきがちです。

参加者・ファンと一緒に価値を作り出すためにコミュニケーションを続けること、初期から応援してくれている方を大事にすることがとても大切になります。

第6章

今すぐ始めれば、その経験とノウハウで、さらに稼げる！

1 今すぐ始めて、ノウハウを早くためる

NFT・メタバース・DAOを使って稼いでいる人は、まだ有名人以外はほとんどいません。だから人より少しでも先に動いて、たくさん試行錯誤することが重要です。

著名な人がNFTで100万円稼いだ話より、無名の人がNFTで1万円、10万円を稼いだノウハウのほうが、現実的で多くの人に役立つでしょう。有名な経営者やタレントが1000人、1万人を集めた本格的なDAO運営の話を聞いても、ハードルが高すぎてすぐには真似できません。それよりも、無名の個人が50人、100人を集めた「DAO的コミュニティ」のほうが真似しやすいのです。

そして、実際にやってみて身につけたノウハウを発信したり、ノウハウを使って次にやりたい人をサポートしたりすれば、数十万円・数百万円の売上になるのも、今なら夢ではないのです。たった数万円でも稼いだノウハウが、とても高い価値になります。

それが2章の「5つの稼ぎ方」で紹介した「②モノ作りのサポート」の稼ぎ方です。ここが、ゴールドラッシュの「つるはし」「ジーンズ」になります。いち早くNFT・メタバース・DAOで少しでも稼いで、そのノウハウでサポートしていきましょう。

ノウハウを自分なりに整理することを難しく感じる人もいるかもしれません。そういう人は本書を参考にしてください。この本に書かれているようなことを発信したり、教えたりできれば充分に稼ぐことができます。

2 ノウハウを教えて稼ぐ

一番簡単な稼ぎ方は、有料セミナーを開催してノウハウを教えてあげることです。会場でのリアルセミナー、Zoomなどのオンラインセミナー、メタバースセミナーなど、セミナーの形式はいろいろあります。

有料セミナーをする場合は1回1~2時間で2000~3000円とか、3回シリーズで8800円など1万円を切る価格帯が集客しやすいです。少しでもお金を払うと、多くの人は「元を取ろう」と真剣に学びます。無料セミナーよりも、学習効果が断然高まるのを実感しています。

また、セミナーを開催したら必ず撮影しておきましょう。その動画は販売できますし、NFT化することもできます。

投資・仮想通貨・NFTの本質を伝えるセミナーで10万円稼いでいる例

私のクライアントに、株や仮想通貨などの投資をしている30代の男性がいます。彼は数年前から、仮想通貨やNFTなどに興味を持ち、これらの勉強を開始しました。

そして、勉強した内容をまとめて、2022年から「投資・仮想通貨・NFT　本質講座」をZoomで開催して、毎回10万円以上を稼いでいます。

このように、仮想通貨やNFTなどをいち早く勉強して体系的に教えるだけでも、初心者には喜んでもらうことができます。

AIアートの描き方を解説するセミナーで稼いでいる例

AIアートで作品を描いてNFTで販売している友人がたくさんいます。NFTの購入者から「私もAIを使ってこういう絵を描いてみたい」という声が寄せられることがよくあるとのこと。それで、AIアートの描き方やNFT化の方法を教えるZoomセミナーを企画している人もいます。不定期の開催ですが、開催すると毎回数万円の売上になっています。

このように、いち早くAIやNFTの波に乗り、描いたり教えたりして副収入を増やしている人もいるのです。

3 NFT・メタバース・DAOをスタートしたい人のサポート、コンサルで稼ぐ

2023年になり「NFT・メタバース・DAOで稼ぎたい」という相談が増えています。周りの起業家仲間を見ても、NFTやWeb3関連のコンサルティングやアドバイザーをする人が増え始めています。今がビジネスチャンスなのです。

今なら、コンサルティングまではできなくても、NFTの作り方やメタバース・DAOの入り方、活動の仕方を教えてあげるだけでも今なら稼ぐことができます。早くスタートして、ノウハウをどんどんためていくことが大事です。

ノウハウをためるコツは、自分がつまずいたり困ったりしたことと、その解決法をしっかりと記録しておくことです。プラットフォームの操作などでわからないところがあったら、スクリーンショットで撮影しておきましょう。先に取り組んだあなたが困ったところは、あとに続く人も困ることが多いです。つまずいたこと、悩んだこと、困ったこと、そのすべてが稼ぐネタになります。

メタバース講演会のサポートで稼いでいる事例

ＮＦＴとメタバースの章でも紹介した、ドローンアーティストのとまこさんは、メタバース内にルームを作って、メタバースでのセミナーや講演会をする方のサポートをしています。

例えば、ビジネス書作家のメタバース講演会などを主催し、作家さんのアバター作りや当日のメタバースでの操作などをサポートしています。

講師や講演家は話すのは得意ですが、メタバースの操作などに慣れている人はまだほとんどいません。でも、最先端のセミナーや講演をやっているというブランディングを作りたい人はたくさんいます。企業にもそういうニーズはあるので、これからさらにビジネスチャンスが広がりそうです。

また、講師がメタバースで資料をどのように見せたりすると効果的なのかを、知っている人はまだほとんどいません。自分が先に試した経験を教えるだけでも喜ばれます。

さらに、自分のＮＦＴ作品を展示しているルームを講演会の会場として使えば、自分のＮＦＴの宣伝にもなり、一石二鳥です。

ＮＦＴ制作のサポートで、1回1万円を稼いでいる事例

動画の編集などで副業していた人が、最近はＡＩアートで作品を作ったり、それをＮＦＴ

化したりする人に個別サポートをして稼いでいることがあります。

ＡＩ作品を作ってみたいけどＩＴが苦手な人、ＮＦＴ化したいけどＩＴが苦手な人はたくさんいます。ＩＴが得意な人は、ＮＦＴ・メタバース・ＤＡＯのやり方をいち早く身につけましょう。そうすればＩＴが苦手で困っている人をサポートして、喜ばれながら稼ぐことができます。

ＤＡＯ的コミュニティの運営サポートで稼ぐ例

５章で解説した通り、ＤＡＯ的コミュニティの運営には、独特な難しさがあります。立ち上げのときには、創設者や中心メンバーが活動をリードすることが多いですが、権限を少しずつメンバーに分散させる必要があります。「上下関係ではなく、対等な人間関係を作る」ということが、特にこれまでの組織の運営にはない難しさです。試行錯誤しながらノウハウをためるしかありません。

このノウハウを持っている人はまだほとんどいません。私もそうですが、少し経験があるだけでも重宝され、いろいろなＤＡＯ的コミュニティから「運営を手伝ってほしい」と声がかかります。そこから素晴らしい出会いが広がり、ビジネスが拡大していくことも多いのです。

ここまで、NFT・メタバース・DAOで稼ぐ方法と、そのノウハウを使ってさらに稼ぐ方法をお伝えしてきました。NFT・メタバース・DAOによって、デジタルの世界に大きな経済圏が生まれ、そこで稼ぐチャンスが到来しています。

NFT・メタバース・DAOの波（市場の拡大）はまだ始まったばかりです。早くスタートすればするほど、希少で貴重な人材になれて、先行者利益を得られます。今すぐ動き出しましょう。

本書が、あなたが望む未来を叶えるための伴走者になることを願っています。

おわりに

私には、実現したいビジョンがあります。それは「資本主義の先に、優しい世界を創る」というものです。

「競い合い、奪い合いの資本主義」の奥に、みんなが才能を分かち合って、調和して生きる「優しい世界」が、14年前に見えたのです。それから「その優しい世界はどうしたら実現するのだろう？」と具体的に考えるようになりました。

稲盛和夫さんの名著『生き方』（サンマーク出版）を読んだとき「これだ！」とビビッときたところがあります。それは、極楽と地獄の違いが書かれた箇所です。以下、引用します。

「たしかにあの世には地獄もあれば、極楽もある。しかし、両者には想像しているほどの違いがあるわけではなく、外見上はまったく同じような場所だ。ただ一つ違っているのは、そこにいる人たちの心なのだ。（中略）同じような世界に住んでいても、あたたかい思いやりの心をもてるかどうかで、そこが極楽にも地獄にもなる」

どちらも大きな釜にうどんが煮えていて、長さが1メートルほどの箸を使って食べるしかない。地獄では他人がつかんだうどんの奪い合いになり、誰も食べられず、飢えて痩せている。でも極楽の人は、分かち合って、食べさせ合っている。全員がおだやかにうどんを食べられて、満ち足りた心になれる。そういう話でした。

私はこの話に「現在の資本主義」と「優しい世界」を重ねました。そして、まずは自分の周りから「優しい世界」を創ろうという想いでビジネスをしていったら、とても幸せかつ経済的にも豊かになることができました。

さらに、NFT・メタバース・DAOという考え方に出会い、「優しい世界を創る」ことが本当にできる可能性を感じました。

最初にこの分野に興味を持ったのは2013年頃に、ビットコインを知ったときです。そしてイーサリアムという、次の仮想通貨（暗号資産）やブロックチェーンが生まれる中で「中央集権」的な社会から「分散型」の社会に変革できる可能性を感じ始めました。さらにWeb3のムーブメントと「資本主義の次に、優しい世界を創る」という自身のビジョンが、強く共鳴していったのです。

特にDAOには可能性を強く感じています。非中央集権的な対等な関係によって、才能の分かち合いや相互支援を促進でき、新しい組織のあり方や働き方が生まれると感じるからです。そしてコミュニティ独自のトークンを発行して、自分たちが理想とする経済圏を創ることも不可能ではありません。

ただし、本書でも書いたように、このビジョンの実現にはもう少し時間がかかりそうです。法律の問題を含め、乗り越えるべき壁がたくさんあるからです。でも私はワクワクしています。高ければ高い壁のほうが、登ったときに気持ちがいいからです。今より「優しい世界」に近づけるように、日々、研究や実践を重ねています。

本書はたくさんの方の協力のおかげで、書き上げることができました。
DaoDao.Tokyoの仲間とは、DAOについて一緒に研究・実践をさせてもらっています。特にZukkyさんには、今回の本のインスピレーションをいただき感謝しています。伊地知友貴さん、米田正明さん、たいすけさんには、原稿をチェックいただき、的確なアドバイスをいただきました。弁護士の藤原寿人先生には、法律分野でのチェックとたくさんのアドバイスをいただきました。かんき出版の久松圭祐さんには、編集者視点はもちろん、ビジネスパーソン視点からも、たくさんの的確なアドバイスをいただきました。また、多くの方に取材させていただき、たくさんの経験をシェアしていただきました。

そして妻と息子には、執筆で慌ただしくしている私をあたたかく見守ってくれて、本当に感謝しています。

最後になりましたが、本書を手に取ってくださった方に感謝いたします。本書が、あなたの夢の実現やビジネス成功のお役に少しでも立つことを願っています。一緒に、時代の大きな波に乗っていきましょう。

加納 敏彦

本書で紹介しているサイト等のＵＲＬ一覧（リンク集）を作成しました。
左記ＱＲコードを読み取るとご覧になれます。

（予告なく終了する場合がございます。予めご了承ください）

【著者紹介】

加納 敏彦（かのう・としひこ）

◉――NFTビジネスコンサルタント　ファイナンシャルプランナー
◉――北海道大学卒業後、教育出版社勤務を経て、コーチ業・講師業で独立。このとき、SNSを駆使したWeb2.0的マーケティングを確立する。33歳で、大手金融機関からスカウトされ、ファイナンシャルプランナーに。全社の年間優秀賞「金賞」を５年連続で受賞。マネージャーでもチームの総合評価で、トップ１％になる。
◉――41歳で、完全中立のお金とビジネスの専門家として２度目の独立。Web３のムーブメントの台頭により、「分散」「自律」をもとにした「優しい世界を創る」という自身のビジョンを確立。「Web３時代のお金の専門家」に本格的にシフトする。
◉――DAOを実践・研究する相互支援チーム「DaoDao.Tokyo」創設メンバー。分散型の対等な関係によって個性と才能を活かして価値を生み出そうと、仲間と実践中。さらにNFTビジネスコンサルタントとしても活動。また、【これからの時代のお金とビジネス相談室】（無料Facebookグループ）を立ち上げ、Web2.0とWeb３をかけ算した、NFT・メタバース・DAOを活用した稼ぎ方を発信中。1000人超のメンバーが集まっている。
◉――著書に『３分でわかる！ お金「超」入門』（きずな出版）などがある。

【これからの時代のお金とビジネス相談室】
https://www.facebook.com/groups/kanotoshi

NFT・メタバース・DAOで稼《かせ》ぐ！

2023年５月８日　　第１刷発行

著　者――加納　敏彦
発行者――齊藤　龍男
発行所――株式会社かんき出版
東京都千代田区麹町4-1-4 西脇ビル　〒102-0083
電話　営業部：03(3262)8011㈹　編集部：03(3262)8012㈹
FAX　03(3234)4421　　振替　00100-2-62304
https://kanki-pub.co.jp/

印刷所――ベクトル印刷株式会社

　ISBN978-4-7612-7669-0 C0030

2時間で丸わかり
インボイスと消費税の基本を学ぶ

吉澤　大（著）
定価：1,600 円＋税込
A5 判／並製／ 208 頁
ISBN：978-4-7612-7627-0

「インボイス」とは、売り手が買い手に対して発行する「消費税の納税額の証明書」のこと。インボイス制度が始まっても手取りを減らさないために、売り手と買い手のそれぞれができるだけ損をしない「最適解の見つけ方」を、さまざまな角度から解説します。

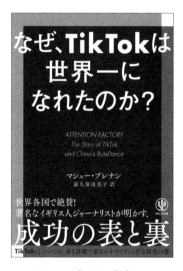

Web3 と DAO
誰もが主役になれる「新しい経済」

亀井 聡彦・鈴木 雄大・
赤澤 直樹（著）
定価：1,500 円＋税
46 判／並製／ 240 頁
ISBN：978-4-7612-7617-1

社会的な大変化を引き起こす「Web3」というインターネットの転換点と、「DAO」によって可能になった新しいコミュニティについての概要と本質を、インターネットの歴史を紐解きながら１冊にまとめました。